Gedenkarbeit Rheinland-Pfalz 8

Biographie

Peter Hassall

Nacht- und Nebel-Häftlinge – Verschwunden bei Nacht und Nebel – Die unbekannten Häftlinge

Dieses Buch wurde Dennis Audrain, Maurice Gould und allen Opfern von Hitlers verbrecherischem Nacht- und Nebel-Erlass gewidmet.

„Wanderer, kommst du nach Sparta, verkündige dorten, du habest uns hier liegen gesehen, wie das Gesetz es befahl."
(Übersetzung Friedrich Schiller nach Herodot)

Peter D. Hassall
1562 Gordon Street ▪ Wallaceburg, Ontario
Canada N8A 4Y9 ▪ Tel: 519-627-7124
Copyright: 408278

Übersetzung: Steffen Reinhard

Inhaltsverzeichnis

Vorwort – Dr. Dieter Schiffmann	4
Vorbemerkungen des Übersetzers – Steffen Reinhard	6
Hitlers „Nacht- und Nebel-Erlass" – eine kurze Einführung – Steffen Reinhard	10
Vorwort von Peter Hassall	16
Jersey und seine Bewohner	20
Vorbereitung und Flucht	24
SS-Sonderlager Hinzert	29
a) Einführung und Quarantäne	41
b) Lager und Lagerpersonal	65
c) Tischsitten und (Zwangs-)Arbeit	77
d) Zwangsarbeit und Fortgang aus Hinzert	101
Wittlich	131
Breslau, Prozess und Befreiung	137
Epilog	146
Schlussbemerkung von Peter Hassall	154
Anhang	156
Dank	162
Anmerkungen	163
Glossar	168
Literaturhinweise	180

Vorwort

Dr. Dieter Schiffmann
Direktor der Landeszentrale
für politische Bildung Rheinland-Pfalz

Das vorliegende Buch des ehemaligen Nacht- und Nebel-Häftlings Peter Hassall erscheint erstmals in deutscher Sprache und war bislang nur in der englischen Originalfassung als PDF-Download erhältlich.

In dem Buch geht es um drei mutige Jugendliche aus Jersey (Channel-Islands), die nach der deutschen Besatzung ihrer idyllischen Heimat beschlossen mit einem Boot zu fliehen. Ihr Fluchtversuch misslang jedoch und endete in einer Tragödie. Zum Zeitpunkt ihrer Flucht wussten sie noch nichts von Hitlers Nacht- und Nebel-Erlass und dass sie selbst dessen erste Opfer aus Jersey sein würden.

In dem autobiographischen Werk zeigt Peter Hassall unterschiedliche Perspektiven auf. Er schreibt über Täter und Opfer, Freundschaft und Verrat und über erlebte Solidarität im Rahmen der begrenzten Möglichkeiten des grausamen Alltags im KZ und anderen NS-Haftstätten. Seine Erinnerungen enthüllen nicht nur das grausame Schicksal der Nacht- und Nebel-Häftlinge, sondern machen dem Leser auch bewusst, dass das Leid der Verfolgten mit dem Kriegsende in Europa noch lange nicht zu Ende war.

Der biographische Zugang zum Leid der Opfer spielt in der Gedenkarbeit zur NS-Zeit eine wichtige Rolle. In den kommenden Jahren, in denen keine Zeitzeugen mehr zur Verfügung stehen werden, ist es deshalb für uns umso wichtiger die Erlebnisse der Häftlinge im SS-Sonderlager/KZ Hinzert zu sichern um sie für die pädagogische Arbeit in der Gedenkstätte nutzbar und für Interessierte zugänglich zu machen.

Die detaillierten Schilderungen Peter Hassalls werden daher auch bisher schon für die pädagogische Arbeit mit Schulklassen genutzt, denn die meisten Schulklassen besuchen die Gedenkstätte im 10. Schuljahr und sind dann genauso alt, wie Peter Hassall, als er nach Hinzert deportiert wurde.

Nach der Veröffentlichung der Erinnerungen von Joseph de La Martinère ist dies bereits die zweite Publikation eines ehemaligen NN-Deportierten, die die Landeszentrale für politische Bildung herausgibt.

Mein Dank gilt den Angehörigen von Peter Hassall und verschiedenen Institutionen in Jersey, die uns bei der Publikation unterstützten. Ganz besonders danken möchte ich aber auch Herrn Steffen Reinhard, der nicht nur die Anregung zu dieser Veröffentlichung gegeben hat, sondern mit der Übersetzung und mit der Betreuung des Drucks ihr Erscheinen erst möglich gemacht hat.

Vorbemerkungen des Übersetzers

Steffen Reinhard

Als am 10. Dezember 2005 das Dokumentations- und Begegnungshaus in Hinzert eingeweiht wurde, war eine ganze Reihe von Zeitzeugen bei der Eröffnung anwesend. Ihre Berichte und ihre auf Video dokumentierten Aussagen über die grausamen Erfahrungen, die sie im Laufe ihrer Deportation in Hinzert und anderen Lagern erlebten und durchleiden mussten, bilden das Rückgrat der Dauerausstellung und sind integraler Bestandteil der Gedenkarbeit in Hinzert. Die Tatsache, dass das ehemalige Lager abgetragen wurde und die heutige Gedenkstätte über viele Jahre ein Schattendasein fristete, weil sie jahrelang irreführend als „Ehrenfriedhof" bezeichnet wurde, machte die Erinnerungsarbeit und die Arbeit mit Zeitzeugen nicht unbedingt einfacher. Trotzdem gelang es insbesondere in den 1990ern und den darauf folgenden Jahren, viele Interviews von ehemaligen Deportierten zu sammeln und zu archivieren. Dies betraf vor allem französische und luxemburgische Häftlinge. 2004 und 2008 waren zum ersten Mal auch Kontakte zu ukrainischen (2004) und polnischen (2008) ehemaligen Häftlingen geknüpft worden, und auch ihre Aussagen über die unmenschlichen Haftbedingungen in Hinzert wurden auf Video festgehalten. Die meisten Aussagen der ehemaligen Deportierten bezogen sich auf konkrete Fragen zu Themen wie: Arbeitskommandos, Lageralltag, Gründe ihrer Verhaftung etc.

Nur wenige Häftlinge haben nach dem Krieg ihre traumatischen Erinnerungen an die NS-Zeit in (autobiographischen) Texten festgehalten, die ihre ganze (Leidens-)Geschichte schildern, und zwar von der Verhaftung bis zur Befreiung, wie beispielsweise Metty Barbel (1992) aus Luxemburg. 2005 veröffentlichte die Landeszentrale für politische Bildung die Erinnerungen des französischen Priesters Joseph de La Martinière, der als Nacht- und Nebel-Häftling nach Hinzert deportiert worden war. Seine akribische und jahrelange Recherche über die Nacht- und Nebel-Deportierten „Nuit et Brouillard à Hinzert. Les Déportés NN en Camp Spécial" ist ein wichtiges und zugleich erschütterndes Dokument der Zeitgeschichte.

1997 verfasste der auf Jersey (Channel-Islands) geborene Peter Hassall ein über dreihundertseitiges Werk über seine Leidensgeschichte als NN-Deportierter [1], wovon sich etwa ein Drittel des Textes mit dem SS-Sonderlager/KZ Hinzert befasst.

Bis zum Jahr 2004 waren britische Häftlinge im SS-Sonderlager/KZ Hinzert nicht nachweisbar. Nur durch Zufall entdeckte die Leiterin der heutigen Gedenkstätte in Hinzert Dr. Beate Welter das Buch von Peter Hassall im Internet. In dem Krimi von Elizabeth George „Wer die Wahrheit sucht", den sie las, geht es um die Besetzung der Channel-Islands während des Zweiten Weltkrieges. Aus Interesse und Neugier an dieser Thematik recherchierte sie im Internet und entdeckte dort die Erinnerungen von Peter Hassall als Download auf der Seite des „Jersey Heritage". Als sie dann die Datei öffnete und zum ersten Mal das Wort „Hinzert" las, druckte sie die Seiten sofort aus. Die detaillierten Beschreibungen von Peter Hassall ermöglichen Einsichten in den Lageralltag der Häftlinge, die bislang in dieser Form nicht bekannt waren. Als Beispiel sei hier der menschenunwürdige „Läuseappell" genannt. Zum ersten Mal wurde erwähnt, dass auch Schaulustige aus der Bevölkerung am Zaun der öffentlichen Straße, die mitten durch das Lager führte, die „Olympiade der Nackten" verfolgten. Peter Hassalls ausführliche Beschreibungen wurden später von französischen Zeitzeugen bestätigt, und so fanden mehrere Textpassagen aus seinen Erinnerungen den Weg in verschiedene Publikationen (u.a. Dachauer Hefte [2]) und in die heutige Dauerausstellung der Gedenkstätte. Daraufhin reifte der Gedanke, das Buch von Peter Hassall zu übersetzen, um seine Erinnerungen für die Besucherinnen und Besucher der Gedenkstätte in Hinzert zugänglich zu machen.

Ich habe die für die Gedenkarbeit in Rheinland-Pfalz besonders interessanten Teile des Buches übersetzt, da es bislang bis auf ein paar wenige Zitate Peter Hassalls keine deutsche Übersetzung gab und in der Gedenkstätte SS-Sonderlager/KZ Hinzert eine große Nachfrage an Zeitzeugenberichten seitens der Besucherinnen und Besucher besteht. Vor allem geht es mir aber darum, die Opfer Peter Hassall, Dennis Audrian, Maurice Gould und viele weitere französische und niederländische Deportierte, die in seinem Buch erwähnt werden, aus der Anonymität zu holen, ihnen wieder ein Gesicht zu geben und auch ihre Geschichte zu dokumentieren. Es soll Zeugnis ablegt werden, dass auch Bewohner der Channel-Islands nicht nur unter der deutschen Okkupation, sondern auch unter Hitlers verbrecherischem Nacht- und Nebel-Erlass litten und starben.

Bei der Übersetzung habe ich stets versucht, mich so nah wie möglich an die Vorlage zu halten. Daher wurden auch der originale Titel oder besser die drei Titel so übernommen, wie sie Peter Hassall verfasst hatte. Man sollte sich beim Lesen immer wieder bewusst machen, dass es sich hierbei um einen Zeitzeugentext handelt, der die subjektive Meinung des Verfassers widerspiegelt. In seinem Buch beschreibt er die Dinge so, wie er sie gesehen, wie er sie empfunden und erfahren hatte, was er gefühlt und was er gedacht hatte und was seine Ängste und Hoffnungen waren. Zeitzeugen sind keine Historiker, und in der Erinnerung nach vielen Jahren ist es nur normal, dass manches Detail nicht mehr so genau präsent ist. An den wenigen Stellen, an denen dies vom Herausgeber bemerkt wurde, ist der Originaltext beibehalten worden, aber durch Anmerkungen wurden offensichtlich nicht zutreffende Angaben korrigiert. Sollten Hinweise für den heutigen Leser erforderlich oder nützlich sein, was bestimmte Namen, Orte oder weiterführende Erklärungen angeht, sind – der besseren Lesbarkeit wegen – Fußnoten an das Ende der Übersetzung gesetzt worden. Der im Original sehr viel längere erste Teil (Jersey und seine Bewohner) und die Zeit nach dem KZ Hinzert sind von mir nur in verkürzter Form in die Übersetzung aufgenommen worden, die im Wesentlichen aus der 1991 vom Autor verfassten Synopse entlehnt sind. Einige Textpassagen aus der Zeit nach Hinzert sind, da sie dem Übersetzer besonders wichtig erschienen, wieder dem Originaltext entlehnt und mit einem Quellenhinweis versehen. Daher ist auch der erste und letzte Teil entsprechend der vom Autor 1991 geschriebenen Synopse in der 3. Person Singular und der Hauptteil (SS-Sonderlager Hinzert) in der ersten Person übersetzt worden. Die 1991 von Peter Hassall veröffentlichte 11-seitige Synopse seines Buches schien mir besonders geeignet, die Vorgeschichte und die

Zeit nach Hinzert so zusammenzufassen, wie sie der Autor selbst formuliert hatte. Um die für die Übersetzung verwendeten Quellen besonders hervorzuheben, sind alle Textpassagen, die aus der Synopse [3] entlehnt wurden, in Kursivschrift gesetzt, während die anderen Textteile im Hauptteil, die sich an Peter Hassalls 300-seitigem Werk orientieren, nicht kursiv gesetzt wurden. Am Ende des Buches befindet sich ein umfangreiches Glossar. Darin werden Namen und Begriffe erläutert und was aus den im Buch erwähnten Personen - sofern dies die Aktenlage überhaupt zulässt - geworden ist.

Mein besonderer Dank gilt den beiden Söhnen von Peter Hassall, Andrew Hassall und Peter Stahlkopf, die mir die Genehmigung erteilten, das Buch ihres Vaters zu übersetzen, um so seine interessanten Erinnerungen für die Arbeit an der Gedenkstätte in Hinzert nutzbar zu machen. Bedanken möchte ich mich an dieser Stelle auch bei den Mitarbeitern des Jersey Heritage, die mir dabei halfen, die entsprechenden Kontakte nach Jersey herzustellen, ebenso bei der Leiterin der Gedenkstätte Frau Dr. Beate Welter und Herrn Volker Schneider für die fachliche Beratung sowie bei Frau Rosemarie Pendt für die Korrekturen.

Steffen Reinhard

Hitlers „Nacht- und Nebel-Erlass" – eine kurze Einführung

Steffen Reinhard

„Die NN, was ist das?" Diese Frage richtete Joseph de La Martinière an die Zuhörerschaft, die im September 1988 in den elsässischen Ort Natzwiller gekommen war, um dem ehemaligen „Nacht- und Nebel"-Häftling des KZ Hinzert zuzuhören. NN steht für „Nacht und Nebel", ein Begriff, der seit dem gleichnamigen Film von Alain Resnais von 1955 regelrecht inflationär verwendet wurde, [4] denn dieser Film prägte das Bild von nationalsozialistischen Konzentrationslagern in der Öffentlichkeit wie nur wenige Filme davor oder danach.

Dass die Nacht- und Nebel-Gefangenen eine eigene Häftlingskategorie in der NS-Zeit waren, die ein grausames Schicksal erwartete, geht dabei meist unter. Dies ist nicht verwunderlich, denn bei den NN-Häftlingen handelte es sich um eine, verglichen mit den anderen Verfolgtengruppen, die die Nazis aus den unterschiedlichsten Gründen in Konzentrationslager verschleppten, zahlenmäßig begrenzte Häftlingsgruppe von etwa 7000 Gefangenen [5], von denen der Großteil aus Frankreich stammte.

Hintergründe, Inhalt und Folgen des Erlasses und die Rolle, die das SS-Sonderlager/ KZ Hinzert dabei spielte, sollen hier kurz skizziert werden: Mit Beginn des Vernichtungskrieges Nazideutschlands gegen die Sowjetunion am 22. Juni 1941 schöpfte der europäische Widerstand neue Hoffnung. Schließlich wusste man vom Desaster Napoleons und dem Untergang seiner Grande Armée im russischen Winter 1812. Die Winterkrise 1941, das Scheitern der Wehrmacht vor Moskau, veranlasste die NS-Führung dazu, nach neuen Wegen zu suchen, den Widerstand im besetzten Europa zu brechen.

Der Fall einer zum Tode verurteilten Französin, die von Hitler begnadigt, aber stattdessen heimlich nach Deutschland verschleppt und dort in Isolationshaft gehalten wurde, veranlasste Hitler, die Maßnahme des spurlosen Verschwindens generell anzuwenden.

Der "Nacht- und Nebelerlass" des
Oberkommandos der Wehrmacht

Der Chef des Oberkommandos der Wehrmacht   F.H.Qu, den
14 n 16 W R (I 3/4) Nr. 165/41 g   12.Dez.1941

Geheim

Betr. "Verfolgung von Straftaten gegen das Reich oder
die Besatzungsmacht in den besetzten Gebieten

1 Anlage

Es ist der lange erwogene Wille des Führers, dass in den besetzten Gebieten bei Angriffen gegen das Reich oder die Besatzungsmacht den Tätern mit anderen Massnahmen begegnet werden soll als bisher.

Der Führer ist der Ansicht: Bei solchen Taten werden Freiheitsstrafen, auch lebenslängliche Zuchthausstrafen, als Zeichen von Schwäche gewertet. Eine wirksame und nachhaltige Abschreckung ist nur durch die Todesstrafe oder durch Massnahmen zu erreichen, die die Angehörigen und die Bevölkerung über das Schicksal des Täters im Ungewissen halten. Diesem Zwecke dient die Überführung nach Deutschland.

Die anliegenden Richtlinien für die Verfolgung von Straftaten entsprechen dieser Auffassung des Führers.
Sie sind von ihm geprüft und gebilligt worden.

                                    Keitel

                            (Dok.US-503, 669-PD, o9o-L)

Anlage
Fussnote: Der "Nacht- und Nebelerlass" ist nur für die
besetzten Westgebiete in Kraft getreten.

Quelle: Staatsarchiv Nürnberg

Sein perfider Plan: Die des Widerstandes verdächtigten Personen sollten bei „Nacht- und Nebel", also heimlich, nach Deutschland deportiert werden, wo sie von Sondergerichten verurteilt oder ohne Aburteilung in Konzentrationslager oder Gefängnisse verschleppt werden sollten. Die Ungewissheit über das Schicksal der Deportierten sollte die Bevölkerung in den besetzten Ländern in Angst und Schrecken halten. Für die Häftlinge galt daher ein striktes Postverbot. Ein Kontakt zu den Angehörigen oder der Bevölkerung musste ebenso unbedingt vermieden werden. Selbst im Todesfall – so eine spätere Richtlinie – durften die Angehörigen keine Nachricht erhalten. Generalfeldmarschall Wilhelm Keitel vom Oberkommando der Wehrmacht (OKW) fungierte bei dem Erlass als williger Vollstrecker Hitlers und setzte per Dekret dessen Ideen um. Daher wird der NN-Erlass des Öfteren auch als „Keitel-Erlass" und die Häftlinge entsprechend als „Keitel-Häftlinge" bezeichnet. Am 7. Dezember 1941 hatte Hitler den Nacht- und Nebel-Erlass in Kraft setzen lassen. Das spurlose Verschwinden gab dem Erlass seinen Namen.

Die Geheimhaltung war Kernelement des NN-Erlasses, warf jedoch auch viele Fragen auf: Was passiert, wenn der Angeklagte unerwartet vom Sondergericht freigesprochen wird? Der Zwang der absoluten Geheimhaltung schloss von vornherein eine Entlassung aus, sodass die „Freigesprochenen" unter dem Stichwort „Verneblung" weiter in Haft blieben. [6]

Die Opfer waren vor allem in kommunistischen Widerstandskreisen zu finden, und auch Frauen waren von dem Erlass betroffen. Über Wehrmachtsgefängnisse, wie z.B. Paris-Fresnes, La Santé oder Cherche-Midi, [7] wurden die NN-Deportierten ins Reich verschleppt. Je nach Herkunft der Deportierten waren verschiedene Sondergerichte für deren Aburteilung zuständig, wie z.B. Köln für französische Deportierte. In den Konzentrationslagern galten sie als „Schutzhäftlinge", ohne je einen Schutzhaftbefehl gesehen zu haben, geschweige denn die Hintergründe ihrer unmenschlichen Behandlung zu kennen.

Ein Leidensort vieler NN-Deportierter war das SS-Sonderlager/ KZ Hinzert. Die ersten NN-Transporte kamen am 29. Mai 1942 in Hinzert an. Über das Gefängnis Trier [8] kamen die NN-Deportierten zum Bahnhof Reinsfeld. Von dort ging es zu Fuß zum Lager, wo sie der SS übergeben wurden. Wie viele NN-Häftlinge in Hinzert waren, lässt sich nicht mit Bestimmtheit sagen, es dürften entsprechend wissenschaftlicher Recherchen über 2000 gewesen sein, die Mehrheit davon aus Frankreich, aber auch Mitglieder belgischer und niederländischer Widerstandsgruppen sind nachweisbar. Bis Oktober 1943 folgten mindestens 40 weitere Transporte nach Hinzert. So fungierte das SS-Sonderlager/KZ Hinzert, wie de La Martinière es ausdrückte, als „Vorkammer des Kölner Tribunals". [9]

Um die Kontaktsperre aufrechtzuerhalten, wurden die Nacht – und Nebel-Deportierten in Hinzert überwiegend zu Kommandos im oder im nahen Umfeld des Lagers eingesetzt. Als besondere Schikane setzte die SS die NN-Häftlinge vor allem bei extrem kräftezehrenden Arbeiten ein. So mussten NN-Häftlinge beispielsweise im Sommer 1942 im Lager einen Löschteich ausheben, wo sie ihren Peinigern in SS-Uniform schutzlos ausgeliefert waren. Der enorme Aufsichtsdruck, der in einem überschaubaren Lager wie Hinzert herrschte, verschärfte diese Situation zusätzlich.

Der NN-Deportierte André Crut erinnert sich: „Die Arbeitsbedingungen waren unerträglich. Die Zwangsarbeiter ähnelten einer armen und völlig ausgebluteten Herde, die fast keine Kraft mehr hatte, sich vorwärts zu bewegen. Wehe dem, der hinfiel! Ein wahrer Regen von Schlägen prasselte auf seinen ausgelaugten Körper nieder." [10]

Nach Zeitzeugenberichten ergibt sich der Eindruck, dass in den Jahren 1942-1943, also in den Jahren, als viele NN-Häftlinge in Hinzert waren, sowohl die Gewaltexzesse der SS als auch die Mortalität im Lager ihren grausamen Höhepunkt erreicht haben dürften. Es spricht sehr viel dafür, dass der für seine Frankophobie bekannte dritte Lagerkommandant Paul

Sporrenberg seine hassgeladenen Komplexe besonders irrational Franzosen gegenüber abreagierte. [11]

Bis heute lassen sich mindestens 321 Todesfälle in Hinzert ermitteln [12], wobei davon auszugehen ist, dass viele Todesopfer nach Kriegsende nie gefunden wurden. Die Zahlen dürfen jedoch nicht darüber hinwegtäuschen, dass die unmenschlichen Haftbedingungen in Hinzert, die Hungerrationen, die Misshandlungen, die kraftraubenden Kommandos etc. in vielen Fällen erst später zum Tragen kamen, vor allem wenn man bedenkt, dass viele NN-Häftlinge von Hinzert aus in Gefängnisse oder später in andere Konzentrationslager weiterdeportiert wurden, sofern sie nicht schon zuvor von Gerichten zum Tode verurteilt oder an den Haftbedingungen gestorben waren. Der französische NN-Deportierte Marcel Petit war bis zu seiner Befreiung am 15. April 1945 in acht verschiedenen Haftstätten, darunter die Konzentrationslager Hinzert, Groß-Rosen, Mittelbau-Dora und Bergen-Belsen. Auch das nur wenige Kilometer entfernte Gefängnis von Wittlich war Leidensort vieler NN-Häftlinge, die von Trier direkt nach Wittlich oder über das SS-Sonderlager/KZ Hinzert dorthin verschleppt wurden. Nach der Bombardierung Kölns am 09. Juni 1943 fanden in Wittlich und in Trier auch Prozesse gegen NN-Häftlinge statt, doch aufgrund der ständigen Luftangriffe wurden die NN-Prozesse zunehmend in den Osten verlagert (z. Bsp. Breslau oder Kattowitz). Der letzte große Schub NN-Häftlinge verließ Hinzert am 15. Oktober 1943. [13]

Da der NN-Erlass eine geheime Richtlinie war, ist es nicht überraschend, dass die Nationalsozialisten viele Unterlagen über die NN-Prozesse bei Kriegsende vernichteten.

Vieles, was wir heute über die Nacht- und Nebel-Häftlinge wissen, verdanken wir den jahrelangen Recherchen und Aufzeichnungen von Joseph de La Martinière. Er reiste durch ganz Europa, interviewte unzählige Zeugen, sammelte Dokumente und erstellte umfangreiche Deportationslisten. Er war auch Zeuge bei den von den französischen Militäradministrationen 1948 durchgeführten Rastatter Prozessen gegen die Angehörigen der ehemaligen Lager-SS. [14]

De La Martinière und Peter Hassall kannten sich, nicht nur aus der gemeinsamen Haftzeit in Wittlich, sondern auch von zahlreichen Treffen ehemaliger NN-Deportierter nach dem Krieg.

Die Erinnerungen Peter Hassalls geben uns erstmals die Möglichkeit, Hitlers Nacht- und Nebel-Erlass aus einer völlig neuen Perspektive zu sehen, nämlich der eines 15-jährigen Schülers und seiner Freunde aus Jersey.

Vorwort

Peter Hassall

Ich begann dieses Buch im Januar 1946 – weniger als ein Jahr, nachdem ich aus den deutschen Konzentrationslagern und Gefängnissen befreit wurde. Ich war mit zwei Tagebüchern nach Hause gekommen: Das erste begann im April 1944 im Gefängnis in der Kletschkaustraße, in Wroclaw/Breslau, in der damaligen Hauptstadt Schlesiens. Im ersten Tagebuch schrieb ich über Ereignisse, die sich zwischen Juni 1940 und April 1944 zugetragen haben, und im zweiten Tagebuch verfasste ich Eintragungen von aktuellen Geschehnissen. 1946 begann ich, beide Tagebücher nutzend, meine Aufzeichnungen. Ich verfasste handschriftlich über 400 Seiten, gab es aber schließlich auf, als ich versuchte mein (normales) Leben fortzuführen. Dies sollte sich als keine leichte Aufgabe herausstellen.

Es gab öfters Zeiten, wo ich mit einem nicht geringen Maß an Schamgefühl auf mein unfertiges Manuskript starrte. Manchmal fühlte ich mich gezwungen, es zu beenden, war aber außerstande dies zu tun, zumal ich weder alte Wunden aufreißen noch die Trauer und den Schmerz der Familien von Dennis Audrian und Maurice Gold vergrößern wollte. Wie auch immer: Nachdem ich mit dem Schreiben aufgehört hatte, fühlte ich mich bedrängt und unter Druck gesetzt, unsere ganze Geschichte aufzuschreiben. Und nach einigen Jahren der Recherche und Befragungen brachte ich meine Arbeit schließlich zum Abschluss, wobei mich ehemalige deportierte französische Freunde immer wieder dazu anspornten.

Die ersten Kapitel des Buches beinhalten keine historischen Fakten, die sich auf die deutsche Okkupation von Jersey und den Kanalinseln beziehen, da es zu dieser Thematik bereits Dutzende Bücher gibt – Sie sind Erinnerungen, Enttäuschungen und Sehnsüchte dreier junger Männer, die sich dem Ausbruch des 2. Weltkrieges und der zweiundzwanzigmonatigen Okkupation ihrer idyllischen Heimat, den Kanalinseln, ausgeliefert sahen.

Das Buch ist verfasst worden mit der Absicht, Zeugnis zweier viel zu früh verstorbener mutiger Inselbewohner abzulegen: Dennis Audrian und Maurice Gould. Es ist auch mit tiefem Respekt und Bewunderung für eine Handvoll Inselbewohner geschrieben, die in verschiedener Art und Weise der Okkupation trotzten. Zugleich ist es ein Andenken an Tausende französische, luxemburgische, niederländische, belgische und norwegische Widerstandskämpfer, die unter Hitlers verbrecherischem Nacht-und-Nebel-Erlass (NN-Erlass) litten und starben, ohne das „Warum" zu kennen.

Viele ausländische Bücher sind bereits über Hitlers Nacht-und-Nebel-Erlass geschrieben worden. Wie dem auch sei, in den Hunderten von englischen Büchern, in denen es um nationalsozialistische Konzentrationslager ging, habe ich weder eine sachliche Erklärung oder Ursache für den am 7.Dezember 1941 verabschiedeten NN-Erlass gefunden noch eine Erwähnung über Prozesse und Hinrichtungen von NN-Deportierten, von denen viele spurlos auf Grund dieses Erlasses verschwunden waren. Die Handvoll Überlebender hatte wahrlich Glück! Im Jahre 1987 knüpfte ich Kontakt(e) zu einer Gruppe französischer NN-Deportierter, mit denen ich zwischen Mai 1942 und Mai 1945 inhaftiert war. Sie waren es schließlich, die mich dazu ermunterten, dieses Buch zu vollenden. Es ist geschrieben, aber ich erhalte immer noch Nachricht(en) über eine Zeitschrift unserer Organisation namens „Souvenir de la Déportation NN", und mit jeder Ausgabe komme ich zu dem traurigen Schluss, dass sich unsere Zahl stetig verringert. Einige meiner früheren NN-Kameraden hatten mich daran erinnert, dass es Zeit wurde, das Buch fortzuführen, da andernfalls viele Zeitzeugenaussagen für immer verloren wären. Ich würde ihnen gerne dafür danken, besonders jenen, die darauf bestanden, es zu Ende zu schreiben, da das Heute morgen schon wieder Geschichte ist. Der Präsident unserer Organisation, der spätere Colonel Roger Delachoue, schlug vor, ich solle über das Gute genauso schreiben wie über das Böse. Ich tat, was mir vorgeschlagen wurde, und schrieb ebenfalls über „gute" Deutsche, denen wir dankenswerterweise auch begegnet sind. Es bedurfte keiner weiteren Überzeugungsarbeit, das Buch weiterzuschreiben, als mich Colonel Roger Delachoue daran erinnerte, dass „Helden einen festen Platz in der Geschichte haben und sie niemals vergessen werden dürfen".

Was diesen Punkt betrifft, hatte ich mich abgesichert, aber dann wusste ich, dass ich die Pflicht hatte, über Dennis und Maurice zu schreiben, obgleich es alte Wunden wieder aufreißen würde. Die Leser mögen etwas über die Unklarheit unserer Gefangennahme erfahren, allerdings ist das Buch absichtlich so geschrieben, weil wir lange Zeit weder wussten, weshalb wir mit solcher Brutalität behandelt wurden, noch was die Nazis mit uns vorhatten, da wir keine Ahnung hatten, dass wir als NN-Deportierte eingestuft wurden. Und es sollten noch beinahe zwei Jahrzehnte vergehen, bis wir (die Überlebenden des NN-Erlasses, Anm. des Übers.) alle Hintergründe über Hitlers Nacht- und Nebel-Erlass kennen lernten.

Als ich nach dem Krieg nach Jersey zurückkam, besuchte ich die Eltern von Dennis und Maurice und erzählte ihnen, was geschehen war. Aber auf Grund ihrer Trauer sprach ich nicht mehr davon, nicht einmal mit meiner Familie. Ich hatte meine Gründe, dennoch war mein Schweigen wahrscheinlich für die vielen verzerrten Versionen unserer Flucht und Inhaftierung verantwortlich. Die vielleicht ungenaueste Darstellung war ein Brief, datiert auf den 30. Juni 1945, verschickt an eine Zeitung in Jersey und angeblich von mir selbst verfasst. Im Juni 1945 war ich gar nicht in der Lage, Briefe zu schreiben, allerdings verfolgten mich solche Ungereimtheiten bis ins Jahr 1997. Der vielleicht ahnungsloseste Reporter schlussfolgerte, dass unsere versuchte Flucht „unverantwortlich" gewesen sei und dass wir überhaupt nicht bedacht hätten, welche Folgen dies für die dortige Bevölkerung gehabt habe.

Ein anderer Autor schrieb: „Es gab noch viele andere, deren jugendlicher Eifer ihre Eltern in arge Bedrängnis gebracht hatte…" Tatsächlich dachten wir nicht daran, dass unser Handeln unverantwortlich war. Wir hofften nur, dass im Falle einer erfolgreichen Flucht die Moral der

Inselbewohner gesteigert werden könnte, so wie es bereits bei der erfolgreichen Flucht von Dennis Vibert der Fall war. Auch wenn ich es noch mal erwähne: Ich bin es Dennis und Maurice, meinen Nacht- und Nebel-Gefährten, und mir selbst schuldig, die wahre Geschichte zu erzählen. Danach werden die Medien und Autoren wohl eher in der Lage sein, unsere Geschichte mit einem höheren Maß an Genauigkeit wiederzugeben.

Peter Hassall
Kanada 1997

Jersey und seine Bewohner

Quelle: Synopse „Nacht- und Nebel-Häftlinge"
Als sich die Wolken des Krieges 1939 über Jersey zusammenbrauten, versuchten die Inselbewohner sich selbst aus den internationalen Geschehnissen herauszuhalten. Die örtlichen Behörden von Jersey taten wenig, um ihre Bürger auf den Ausbruch des Zweiten Weltkrieges vorzubereiten. Peter, ein ausgelassener Jugendlicher, wuchs in dem Glauben an die Unfehlbarkeit des Britischen Empire auf.

Sein Vater war sein Held, denn Ted hatte bei den Royal Engineers (Pioniere) während des Ersten Weltkrieges gedient, und Peters Schulzeit, seine Lektüren und seine Freunde beeinflussten seine britischen Wertvorstellungen und seine Loyalität zur Krone.

Als der Krieg am 3. September 1939 ausgerufen wurde, ging das Leben auf Jersey weiter, als ob der Krieg auf einem anderen Planeten ausgefochten würde. Tausende junger Inselbewohner traten den britischen Streitkräften bei, aber abgesehen von all den Uniformen und ein paar Sandsäcken, die an strategisch wichtigen Punkten gestapelt wurden, gab es kaum Anzeichen eines Krieges. Urlauber kamen immer noch nach Jersey, und Peter und seine Freunde verbrachten den milden Sommer 1939 und den Frühling 1940 an den wunderschönen Stränden mit Schwimmen und Ausgehen. Das offensichtlichste Anzeichen des Krieges waren dürftige Gasmaskenbehälter, welche die Bewohner über der Schulter trugen; gelegentlich pfiffen Luftwaffenhelfer auf ihren Trillerpfeifen, um ihre Befehlsgewalt zu demonstrieren, und Fensterscheiben von Einkaufsläden wurden verklebt, um sie gegen umherfliegendes Glas zu schützen.

Als der „Phoney War[15]*" (auf Deutsch: „Sitzkrieg" oder auf Französisch: Drôle de guerre – „seltsamer Krieg") am 10. Mai beendet war und die Deutschen Frankreich überrollten, war Jersey völlig unvorbereitet auf das Nachbeben, das noch kommen sollte. Die Staaten von Jersey taten wenig, um die Bevölkerung auf die unausweichliche deutsche Besatzung vorzubereiten, die sich immer klarer abzeichnete, als deutsche Truppen den französischen und britischen Widerstand in Nordfrankreich zerschlugen und in Richtung der Häfen des Ärmelkanals vorwärtsstürmten. Da die Channel-Islands akut bedroht waren, stellte das Vereinigte Königreich Schiffe für jene bereit, die die Inseln verlassen wollten, und dennoch gab es während dieser Evakuierungskrise seitens der Regierung von Jersey keine anderen nennenswerten Anweisungen als „Ruhe bewahren".*

Die Channel-Islands wurden im Juni 1940 entmilitarisiert, und dennoch hatte es das britische Außenministerium versäumt, die Deutschen über die Entmilitarisierung rechtzeitig zu informieren [16], und so wurden Jersey und Guernsey am 28. Juni 1940 bombardiert. Die grundlose Bombardierung verursachte viele Opfer und Gebäudeschäden.

Am 1. Juli flog ein junger Luftwaffenoffizier namens Kern mit seiner Dornier (Bomber) über Jersey und sah Tausende weißer Flaggen. Er landete auf dem Flughafen von St. Peter und flog dann nach Frankreich zurück, um seinem Dienst habenden Offizier zu berichten, was er gesehen hatte. Am gleichen Nachmittag landeten Dutzende Transportflieger voller Soldaten auf Jersey. Die deutschen Offiziere trafen dort mit dem Regierungschef und dem Generalstaatsanwalt der Insel zusammen. Die (Foto-) Negative des scheinbar freundschaftlichen Treffens wurden zum Entwickeln in Teds Fotoladen gebracht, um dort mehrere Abzüge anfertigen zu lassen.

Innerhalb weniger Tage nach der deutschen Besatzung [17] war Teds Laden von deutschen Soldaten überfüllt, um dort ihre Filme entwickeln oder Portraits machen zu lassen, die sie dann nach Deutschland schickten. Teds unmittelbare Unterwürfigkeit gegenüber den deutschen Besatzern schockte Peter, und sein Held verlor etwas von seinem früheren Glanz, und Peters Scham begann.

Seine Mutter Emma, bedingt durch finanzielle Probleme, bewarb sich bei den photographierwütigen Deutschen und erhielt von ihnen die Erlaubnis, eine der offiziellen Photographinnen der Besatzungsmacht auf der Insel zu werden.

Eine deutsche Werbeanzeige, die das bestätigte, wurde alsbald im Schaufenster von Charing Cross, St. Helier platziert, was Teds Ansehen weiter verblassen ließ.

Peters Mutter meldete ihren Sohn bei einem Deutschkurs eines Nachhilfelehrers namens Steiner an. Die Mutter hatte einseitig entschieden, dass es für die Angestellten des Ladens von Vorteil wäre, wenn einer von ihnen Deutsch spräche, und so wurde Peter als Kandidat für diese Aufgabe auserkoren. Innerhalb von sechs Monaten hatte sich Peter ausreichende Sprachkenntnisse erworben und machte davon jeden Samstagmorgen im Laden Gebrauch; sehr zum Stolz und Freude seiner beobachtenden Mutter. Als die Besatzung weiterging, war Emma den Deutschen gegenüber sehr engagiert. Sie profitierte von ihrem guten Aussehen, ihrer italienischen Herkunft, ihren guten Beziehungen zur deutschen Wasserschutzpolizei. Und von höheren Offizieren des deutschen Verwaltungssitzes erhielt sie letztendlich die Erlaubnis, für Wareneinkäufe den Kontinent zu bereisen, angeblich um Filme, Fotopapier und Chemikalien für die Entwicklung von Filmen für Teds Laden zu kaufen. Nebenbei kaufte sie auch Cognac, Armagnac (Weinbrand), Butter, Kaffee, Tee, Zigaretten, Schokolade und andere Schwarzmarktprodukte, die sicher in den Docks von St. Helier entladen und von dort in Teds Laden (Winchester House) geschafft wurden.

Winchester House entwickelte sich zu einer Art Kantine für Emmas Schwarzmarktkomplizen. Peters Schamgefühl wuchs stetig. Er betrachtete die Besatzung als eine Art Vergewaltigung durch die Präsenz deutscher Truppen, und die Tatsche, dass seine Eltern mit den Deutschen kollaborierten, machte die Sache nicht einfacher.

Ted war vergesslich oder nahm es schlicht und ergreifend nicht wahr, dass Emma Reisen auf das Festland unternahm und enge Verbindungen zur deutschen Wasserschutzpolizei hatte, wenigstens nicht, solange er ein Glas Cognac hatte oder er Kette rauchen konnte. Selbst höhere Amtsträger der Insel kamen in Teds Laden, um Butter, Fleisch, Zigaretten, Ta-

bak oder andere Waren zu kaufen, die Emma im Angebot hatte.
Der vielleicht heuchlerischste von allen war ein heimischer Richter, der in den Laden kam, um ein Pfund Tee und Tabak zu kaufen. Anschließend ging er zurück zum Gerichtsgebäude und strafte einen Bauern ab, weil dieser illegal Eier an die hungrigen Nachbarn verkaufte.
Peters Schamgefühl eskalierte, als Emma ihm die Anweisung gab, Schwarzmarktprodukte zu ihren Klienten zu bringen. Unter ihnen waren auch die Eltern vieler seiner Freunde. Einmal musste er schwarz geschlachtetes Fleisch an einen Klienten liefern, vor dem er den größten Respekt hatte, seinen Schuldirektor Bruder Reverend Edward. Nach der Lieferung war er außerstande, ihn noch länger zu bewundern.

Vorbereitung und Flucht

Im Oktober 1941 hörte Peter von Dennis Viberts [18] heldenhafter Flucht nach England. Dies war der Anlass für ihn und einen Freund, Dennis Audrian, eigene Fluchtpläne zu schmieden, und nach zahlreichen Diskussionen stand fest, dass sie dem gleichen Kurs nach England wie Dennis Vibert folgen wollten.

In ihren späteren Planungen warben sie um die Hilfe eines anderen Jugendlichen, Maurice Gould, zu diesem Zeitpunkt 17 Jahre alt.

Um Geld für ein Boot und einen Motor zu verdienen, verließ Peter kurzzeitig die Schule, um in dem Laden seines Vaters zu arbeiten. Er wurde als Verbindungsperson der Wasserschutzpolizei und Emmas eingesetzt, und so hatte er öfter Zutritt zu dem Hauptquartier der deutschen Marine im Pomme-d'Or-Hotel, wo er Zigaretten und alles, was in den Zimmern der Seeleute nicht niet- und nagelfest war, „organisierte".

Als genügend Geld zusammengekratzt war, kauften sie eine zwölf Fuß (ca. 3,5 Meter) große Jolle und einen Außenbordmotor. Das Boot wurde vor den Blicken der Deutschen durch die Stadt transportiert, um es im Hinterhof seines Onkels abzustellen, wo es dann abgedichtet, gestrichen und seetüchtig gemacht wurde.

Im April 1942 hatte das Trio bereits alle notwendigen Ausrüstungsgegenstände für seine Flucht beschafft. Nachdem sie die Gezeiten und die Ausgangssperre berücksichtigt hatten, beschlossen die Jungen, am Sonntag, dem 3.Mai 1942 zu fliehen, denn die Deutschen planten den Tag der Arbeit am Samstag, den 2. Mai zu feiern, also nicht am traditionellen Tag. Die Jungen hofften insgeheim, dass die meisten Deutschen an diesem Tag ihren Kater auskurieren würden, und somit wären sie am Sonntag weniger wachsam.

Wenige Tage vor der Flucht luden sie das Boot auf ein Pferdefuhrwerk und fuhren damit ganz ungeniert durch die von Deutschen besetzten Straßen von St. Helier. Bei Green Island, an der Südostküste der Insel, *wurde das Boot abgeladen. Eine Gruppe deutscher Soldaten half den Jugendlichen sogar dabei, das Boot vom Pferdefuhrwerk zu hieven.*

Vor der Flucht hatte Peter Hunderte Fotographien von deutschem Kriegsgerät auf den Inseln gesammelt. Er und sein Bruder hatten diese heimlich von Negativen kopiert, die deutsche Truppen in den Laden seines Vaters brachten. Auf den Fotos war wirklich jedes Detail der deutschen Artilleriestellungen zu erkennen. Die Bilder steckten sie in ein Photoalbum, und um sicher zu stellen, dass sich ihre Flucht auch lohnen würde, photographierten die Jungen alle bekannten deutschen Geschützstellungen und hielten sie graphisch auf einer Landkarte fest, die sie aus einem hiesigen Schuhladen hatten. Nichts dem Zufall überlassend, gingen sie zu einem angesehenen Kapitän, einem bekannten Patrioten, der ihnen eine Seekarte anfertigte und darauf mehrere Routen für die Überfahrt nach England einzeichnete.

Abgesehen von den drei Jungen, wussten nur eine Handvoll Personen von dem Boot, und um ihre Tarnung komplett zu machen und die eigentlichen Hintergründe zu verschleiern, bewarb sich das Trio um eine Genehmigung zum Fischen bei den deutschen Behörden und erhielt tatsächlich eine Genehmigung. Diejenigen, die von dem Boot wussten, waren der Registerführer für Boote, der Verkäufer (des Bootes), Peters Onkel, sein Bruder und der Kutscher (der das Boot transportierte); aber nur zwei von ihnen wussten, dass die Jungen vorhatten, mit dem Boot zu fliehen: Der Kapitän (der die Seekarte anfertigte) und ein Wachtmeister, der ihnen den notwendigen Treibstoff für den Außenbordmotor beschaffte. Trotzdem wussten sie nicht das genaue Datum der geplanten Flucht und von wo aus diese stattfinden sollte. Nur eine Person war in den kompletten Fluchtplan eingeweiht, denn es war notwendig, jemand von den Plänen zu erzählen, für den Fall, dass es auf See zu einem Unglück kommen würde.

Am Sonntag, den 3. Mai 1942 war es dann soweit, das Trio stach in See, um nach Green Island (eine der Kanalinseln) zu fahren, dabei trugen sie die Karte mit den deutschen Verteidigungsstellungen und die Seekarte des Kapitäns in ihren Taschen. Die restliche Ausstattung, inklusive eines kleinen Koffers mit dem Photoalbum und Wäsche zum Wechseln, hatten sie bereits unter der Woche nach Green Island geschafft und dort unterhalb einer Strandhütte im Sand vergraben. Bevor sie an diesem Morgen aufbrachen, erzählten sie ihren Eltern, sie würden fischen gehen und die Nacht bei einem Freund verbringen.

Gegen 10.00 Uhr abends war es dann soweit, das Boot ins Wasser zu lassen. Doch die Sturmböen wurden immer stärker, und da die Ebbe sehr stürmisch war, wurde der Stapellauf aufgeschoben. Als die Zeit davonlief, brachen sie trotz der stürmischen See gegen 10.45 p.m. (22.45 Uhr) auf. Als das Boot etwa 100 Meter vom Ufer entfernt war, krachte es durch eine Kombination aus dem gerade gestarteten Motor, einer großen Welle und heftigen Seegangs gegen einen Felsen und kenterte.

Maurice wurde ins Meer gespült, während Peter versuchte seinen Freund Dennis, einen Nichtschwimmer, vor dem Ertrinken zu retten. Obwohl sie Rettungswesten hatten, zogen sie diese nicht an, weil diese zu unhandlich und sperrig waren und das Rudern dadurch unmöglich machten. Dennis ertrank, als ihn eine Welle von Peter fortriss, der ihn aufgrund der Dunkelheit und der stürmischen See aus den Augen verlor.
Gerade als Peter dachte, er würde selbst ertrinken, berührten seine Füße den Boden. Dann zog er sich aus dem Wasser an den Strand, wo er Maurice fand. Dieser war ein ausgezeichneter Schwimmer und hatte es leicht geschafft, zurück an den Strand zu schwimmen.

Als Peter endlich wieder durchatmen konnte, suchten die beiden nach Möglichkeiten, wie sie untertauchen konnten. Leider kam es gar nicht so weit, denn zwischen 00.05 und 00.10 Uhr Mitternacht, am Montag dem 4. Mai 1942, wurden sie durch Pistolenschüsse aufgeschreckt, die von zwei Autos mit Wasserschutzpolizisten abgefeuert wurden. Emmas Schwarzmarktkomplize befehligte die Gruppe. Fähnrich zur See Walter

Linde, der sie verhaftete, übergab die beiden der Feldgendarmerie, die etwa zehn Minuten später eintraf.

Den Rest der Nacht verbrachten sie im Pomme-d'Or-Hotel, wo die Jungen am nächsten Morgen (4. Mai 1942) um 10.00 Uhr der Gestapo übergeben wurden. Sie wurden dann in den deutschen Flügel des Gefängnisses in der Gloucester Straße gebracht, wo sie drei Tage lang strenge Verhöre [19] über sich ergehen lassen mussten.

Heimlich hatte Hitler am 7.12.1941 den Nacht-und-Nebel-Erlass (NN-Erlass) in Kraft setzen lassen. Der Erlass entstand aus Hitlers Verärgerung heraus, den Widerstand im besetzten Europa nicht eindämmen zu können, und galt für „…eine Kategorie von Gefangenen, deren Haft, Aburteilung und Strafmaß jede Form der Nachforschung (über das Schicksal oder den Verbleib) nahezu unmöglich macht." Viele Nacht- und Nebel-Häftlinge ahnten nicht, weshalb sie mit solch harten und ungewöhnlichen Maßnahmen abgestraft wurden (u.a. strikte Kontaktsperre, keine Nachricht an Angehörige über Verbleib, …).

Mitte Mai 1942 verbrachte man die Jugendlichen in das berüchtigte Gefängnis von Fresnes am Stadtrand von Paris. In der Rue des Saussaies wurden sie von der Gestapo verhört, die davon ausging, dass die verhängnisvolle Flucht von ehemaligen Offizieren geplant worden war. Erst als sie absolut sicher waren, keine weiteren Informationen aus den beiden herauszuholen, deportierte die Gestapo sie nach Deutschland – in Hitlers Nacht und Nebel.

Quelle: Peter Hassall, Night and Fog Prisoners, 1997, S. 134-192

Am 12. Juli verließen wir das Gefängnis von Fresnes zusammen mit 50 anderen NN-Häftlingen. In der Zwischenzeit, als unser Zug ostwärts fuhr, fragte ich mich, ob unser unbekanntes Ziel besser als Fresnes sein würde?

Mein wiedererwachter Jerseyer Aberglaube trat von Neuem in mir hervor und sagte mir: „Ein Unglück kommt selten allein." Jersey war schlimm, aber Fresnes war schlimmer! Könnte Nummer drei noch schlimmer sein?

SS-Sonderlager Hinzert

Als unsere Reise in die Hölle weiterging, verkrampften wir zusehends, und unsere Ängste stiegen, was darauf zurückzuführen war, dass man uns keine Auskunft über den Zielort und unser weiteres Schicksal gab. Nicht ein einziges Mal in den ganzen Wochen, in denen wir im Gefängnis waren und darüber redeten, hatte einer von uns eine logische Erklärung für diese ungewöhnliche Situation. Maurice fragte mich, ob ich von den französischen Gesprächen etwas (Brauchbares) erfahren konnte, und ich fühlte mich genötigt, ihm zu antworten, dass wir jetzt genau so schlau waren wie zuvor. Überdies mussten alle die gleiche Erfahrung durchleben wie wir selbst, obwohl einige schon ein paar Monate früher verhaftet worden waren als wir. Ich teilte ihm außerdem mit, dass die Franzosen sehr misstrauisch waren, entweder weil wir Briten waren oder weil sie Ausländern allgemein nicht trauten. Wir wechselten uns ab und schauten aus den Gittern, um irgendeinen erkennbaren (Orts-) Namen zu finden, aber wir kannten uns in Frankreich nicht aus, und so musste ich den Franzosen zuhören, um vielleicht herauszufinden, wo wir waren; es hat mich nicht wirklich weitergebracht, da auch sie den Osten Frankreichs nicht besonders gut kannten. Von früheren Gesprächen der Franzosen wusste ich, dass sie von unseren Geiselnehmern noch weniger erwarteten als wir selbst. Sie sprachen über Geiselnahme, willkürliche Erschießungen und Morde durch Erschießungskommandos. Einige von ihnen waren schon in zwei oder drei Gefängnissen gewesen, bevor sie nach Paris verschleppt wurden, und einer von ihnen erwähnte, dass wir nur in Paris festgehalten worden waren, um eine ausreichende Zahl (von Häftlingen) für einen Transport nach Deutschland zu sammeln.

Wir wechselten ständig unsere Plätze, von dem engen Sitz auf den Boden und wieder zurück. Es gab kaum Schlaf – das Klick-Klack der Waggonräder, unsere verkrampfte Sitzhaltung, laute Gespräche der Franzosen und quälender Hunger machten dies nahezu unmöglich. Keiner von uns litt unter so etwas wie Klaustrophobie, aber wir fühlten uns in unseren kleinen Zellen extrem eingeengt. Meine Gedanken kreisten in alle mögliche Richtungen, und ich fragte mich, was ich wohl in den kommenden Monaten erleben werde? Würde ich die innere Stärke haben zu überleben?

Ich wusste, dass das Überleben von der inneren Einstellung abhängen würde, und ich beschloss, für diese ganze Zeit ein Kämpfer zu werden. Eine französische Unterhaltung war besonders besorgniserregend. Sie stammte von einem jungen Mann aus dem Gefängnis „La Santé". Er berichtete den Zuhörenden von der Exekution seines jüngeren Bruders. Der Bruder war auf dem Schulweg nach Hause gewesen, als deutsche Truppen auf der Hauptstraße der Stadt auf Geiseljagd waren. Die Geiseln wurden im örtlichen Gefängnis gefangen gehalten, und als ein deutscher Soldat von einer örtlichen Widerstandsgruppe ermordet worden war, holte man den jüngeren Bruder und neun andere unschuldig inhaftierte Geiseln aus dem Gefängnis und erschoss sie – besonders beunruhigend war die Tatsache, dass der junge Märtyrer noch nicht einmal seinen 18. Geburtstag erreichen konnte. Als ich diese Gräueltat für Maurice übersetzte, schüttelte er seinen Kopf und fragte: „Wo zum Teufel sind wir da hineingeraten?" Ich hatte keine Antwort parat, aber mit jedem Kilometer lernten wir mehr über die Nazis und ihren Hang zur Brutalität.

Während ich den französischen Gefangenen zuhörte, erfuhr ich, dass einige von ihnen in organisierten Widerstandsgruppen gewesen waren, während andere wie wir für einzelne „Straftaten" gegen die Besatzer verhaftet wurden. Einige Gefangene waren in der gleichen Widerstandszelle gewesen, aber es dauerte nicht mehr allzu lange, bis die Gestapo sie alle verhaftet hatte. Ihre Gruppen waren von französischen Verrätern infiltriert worden, die sie an die Deutschen verkauften. Dies war ein schrecklicher Weg, die Nazi-Barbarei kennen zu lernen, und da ihre Unterredungen sehr fesselnd waren, sah ich keinen Grund, ihnen keinen Glauben zu schenken. Wiederum war es entmutigend festzustellen, dass die Nazis Frauen gegenüber genau so brutal waren und sie das Schicksal ihrer Männer teilten. Nachdem ich all diese Horrorgeschichten gehört hatte, bemerkte Maurice, wie glimpflich die Besetzung von Jersey doch verlaufen war. Obwohl ich Französisch sprach, kannte ich die Franzosen so gut wie gar nicht, zumal ich die Insel (gemeint: Jersey, Anm. d. Übers.) niemals verlassen hatte, es sei denn, es handelte sich dabei um ein oder zwei Besuche auf der Nachbarinsel namens „Guernsey". Was ich von den

Franzosen soweit mitbekam, neigten sie dazu, leicht erregbar und immer etwas übertreibend zu sein, aber als ich ihnen bei ihren Gesprächen quer über den engen Korridor des gepanzerten Zuges zuhörte, erkannte ich, dass sie die Wahrheit sagten. Sie unterbrachen ihre Unterredungen nur, wenn sie durch gellende Schreie dazu aufgefordert wurden, leise zu sein. Allerdings waren sie dann nur ein paar Minuten ruhig, und das Ganze begann wieder von vorne. Die Wache führenden Wehrmachtssoldaten gaben schließlich auf und verschlossen die Tür zu ihrem Abteil. Sie waren nicht brutal oder gefühllos, was unsere Lage betraf. Der diensthabende Unteroffizier ging öfter in ein bestimmtes Zellen-Abteil, in dem ein älterer Gefangener inhaftiert war, und fragte ihn: „Wie geht's, alter Mann?" Ich nahm an, dass er sich hilfsbereit nach dem Wohlergehen des älteren Häftlings in dem Zugabteil erkundigte. Während einer meiner Toilettenbesuche erkundigte ich mich bei einem Bewacher, wohin wir denn fahren würden. Ich erzählte ihm, dass ich von den Kanalinseln käme und ich dort Deutsch gelernt hatte. Er sagte, er wisse, dass die Inseln besetzt wurden, und ich fragte ihn, warum ich verhaftet worden war. Als ich ihm berichtete, was wir getan hatten, war seine Antwort etwas mürrisch, indem er darauf verwies, dass wir glücklich sein sollten, nicht erschossen worden zu sein. Der Mann war sehr ernst, und als ich ihn fragte, warum die Deutschen einen Fünfzehnjährigen erschießen sollten, erwiderte er: „Das Alter ist in Deutschland nicht entscheidend, nur die Schwere der Straftat zählt." Bevor ich wieder eingesperrt wurde, fragte ich ihn erneut, wohin wir fahren würden, aber er antwortete mir, dass er mir das nicht sagen könne.

Als ich Maurice von der Unterredung mit dem Wachmann erzählte, lächelte er und sagte im Scherz: „Ich wusste, ich wäre besser im Bett geblieben, und hätte es auch fast getan". Anschließend, als ob er mich beruhigen wollte, fügte er hinzu: „So schlimm sind die Dinge nicht, wenigstens haben wir noch uns." Wir plauderten dann über exotische Menüs und von riesigen Essensmengen, besonders über Schinken, Eier, Tomaten und Toast. Um mich aufzuheitern, wies er darauf hin, dass der Krieg nicht allzu lange dauern werde, und ging auf die Größe und Macht des Britischen Empires, der UdSSR und der Vereinigten Staaten von Amerika ein. Er behauptete, in sechs Monaten sei alles vorbei, und in einer grübelnden freundlicheren Stimmung gab ich ihm Recht. Aber meine Stimmung sollte sich schlagartig ändern, als uns unsere plaudernden französischen Kameraden auf den harten Boden der Tatsachen zurückbrachten. Ich wollte die Tür des Abteils schließen, aber Maurice bat mich, sie offen zu lassen für den Fall, dass er etwas Wichtiges verpassen sollte. Maurice schaffte es, auf dem Boden einzunicken, während ich weiterhin den französischen Gesprächen lauschte. Als sich von Zeit zu Zeit meine Beine verkrampften, stellte ich mich auf den Sitz und schaute in die sich verdunkelnde Landschaft, in der Hoffnung, ein Licht oder ein menschliches Wesen auf den Straßen zu erblicken. Ich wollte mich einfach nur vergewissern, dass wir immer noch in der gleichen Welt lebten, wie sie vor dem 3. Mai existiert hatte. Aber ich hatte kein Glück, und unser Zug raste auf seinen stählernen Schienen zum nächsten Ort unserer Gefangenschaft. Manchmal hielt der Zug nachts an, und ein paar Momente später hörte man das Geräusch der sich auseinanderziehenden Waggonkupplungen. Durch die Nacht erkannte ich das düstere Licht eines großen Bahnhofes. Unsere Wärter wachten wieder auf und befahlen uns, unsere Köpfe zurück in die Zellen-Abteile zu stecken, danach verschlossen sie die Türen. Als der Zug sich quietschend verlangsamte, um anzuhalten, hörte ich eine deutsche Ansage über die Bahnhofslautsprecher. Die Stimme sagte, dass wir in Metz waren, und fuhr fort uns weiterhin mitzuteilen, dass der Zug Richtung Brüssel, Berlin und anderen Haltestellen auf dieser Strecke war. Als ich dies für Maurice übersetzte, deutete er an, dass wir vielleicht nach Berlin fahren würden. Doch augenblicklich, als er das gesagt hatte, wurde unser Waggon abgekoppelt, nach zwei dumpfen Stößen auf einen Güterbahnhof rangiert und an eine andere Lokomotive angekoppelt. Es sollte nicht lange dauern, bis wir wieder auf unserem Weg waren, aber dieses Mal machten die (Wagen-)Räder andere Geräusche, und die Geschwindigkeit des Zuges war langsamer – unglücklicherweise fuhr er immer noch Richtung Osten. Innerhalb der nächsten Stunde stoppte der Zug, und Suchscheinwerfer wurden auf unseren Waggon gerichtet. Wir hörten Hundegebell, viele Deutsche schrieen, und als der Zug sich langsam vorwärts bewegte, erkannte ich einen rot-weißen Pfosten, der offensichtlich eine Grenzschranke war. Laute, kehlige Schreie und bellende Hunde folgten uns für ein paar Sekunden, dann wurden die Türen wieder geöffnet, und die Franzosen setzten ihre Unterhaltung(en) fort. Einer von ihnen fragte: „Weiß jemand von euch, was ein Abort ist?" Ich steckte meinen Mund zwischen die Tür und fragte, wie man dieses Wort buchstabiert. Als Antwort kam zurück: „A-B-O-R-T". Ich sah Maurice an und sagte: „Wir sind definitiv in Deutschland, da Abort ein deutsches Wort für Toilette ist." Ich sagte dem Franzosen, dass das Wort Toilette bedeutet. Er fragte mich, ob ich mir denn sicher sei, und ich bestätigte, dass ich mir absolut sicher sei. Ein anderer fragte: „Bist du dir da sicher, Engländer?" „Ja, ich bin mir ziemlich sicher", antwortete ich. Meine Antwort schien die Stimmung der Franzosen zu dämpfen, und Schweigen setzte ein, als sie meine Reaktion hörten. Ihr Heimatland, ihr geliebtes Frankreich, lag nun hinter ihnen. Nun waren sie im verhassten Land des Erbfeindes. Ihr Schweigen ließ nichts Gutes erahnen, wurde aber durch eine jugendliche Stimme mit dem Aufschrei unterbrochen: „Kein Grund zur Sorge! Wir kriegen sie! Bald werden wir hier wieder herauskommen!" Die Franzosen schienen wieder auf dem richtigen Weg zu sein!

Der Zug fuhr nicht besonders weit, als er wieder seine Geschwindigkeit verringerte und schließlich anhielt. Unsere Türen wurden erneut verschlossen, und kehlige Befehle hallten in dem engen Korridor. Es hatte den Anschein, als ob die Wachmänner eine Art Wettbewerb veranstalteten, wer von ihnen am lautesten und am deutschesten war; was mir etwas merkwürdig vorkam, zumal sie sich während der ganzen Fahrt recht anständig verhalten hatten. Aber nun, wo auch immer wir waren, schien es notwendig zu sein, sich so zu verhalten. Gerade als der Zug angehalten hatte, wurde er von Schweinwerfern angestrahlt, die auf Polizeifahrzeugen montiert waren. Sie behielten uns noch in den kleinen Zellen, während sie die Vorbereitungen für unseren Ausstieg trafen. Dann wurden plötzlich die Türen geöffnet, und man befahl uns, aus dem Zug zu steigen. Und während wir auf dem Bahnsteig zusammengetrieben wurden, verhielten sich die zuvor freundlichen Wachen wie Attilas Hunnenhorden und brüllten in ihrem Kriegsgeschrei: „Raus! Los! Maul zu! Ruhig!" Dieser Kontrast war unglaublich.

Auf dem Gleis war ein schwarz-weißes Schild, und obwohl stellenweise überpinselt, sagte es uns, dass wir uns in Trier – einer deutschen Grenzstadt – befanden. Ich erinnerte mich an mein Geschichtsbuch aus der Schulzeit und entsann mich, dass die Stadt einst von den Römern besetzt war und ein Stadttor, die Porta Nigra, noch stehen würde. Ich erinnerte mich auch daran, dass die Stadt an der Mosel lag, in einer deutschen Weingegend, und so entwickelte sich in mir die Hoffnung, in den Weinbergen zu arbeiten.

Wir wurden in Dreierreihen aufgestellt und dann von 15 Schutzpolizisten umstellt. Sie waren prächtig in ihren zweitönigen grünen Uniformen und ihren langen silbernen Polizeitschakos, geprägt mit silbernen (Reichs-)Adlern und Hakenkreuzen. In dem Licht der Suchscheinwerfer erkannten wir, dass einige von ihnen Maschinenpistolen und Gewehre trugen, aber die meiste Zeit waren sie mit Seitenwaffen ausgerüstet, und wie alle Vertreter ihrer (Herren-)Rasse machten sie genug Lärm, um Tote zu erwecken.

Nachdem die Anwesenheit mittels vier bis fünf maschinengeschriebenen Seiten festgestellt und wir dreimal gezählt worden waren, hatte uns der dienstälteste Schutzpolizist registriert. Im Anschluss daran folgten eine Runde Händeschütteln und unzählige „Sieg-Heil"-Rufe. Danach bestiegen unsere Bewacher wieder den Zug und verschwanden aus unserem Leben. Unser letzter Kontakt mit Frankreich war bitter, und von nun an sollten sich unsere Füße über nationalsozialistischen Boden bewegen. Nach weiterem Gebrüll rückten wir, umgeben von Schutzpolizisten, aus dem Bahnhof aus. Die Kopfsteinpflasterstraßen waren eng, und alle Fenster waren verdunkelt, sodass es uns unmöglich war, mehr als ein Paar Füße vor uns zu erblicken. Im nächtlichen Nebel vermutete einer von uns, ohne es genau sehen zu können, viele Gebäude aus Stein. Am Horizont erkannte ich zwei Kirchtürme, und ihrer Bauweise nach zu urteilen, schienen sie sehr alt zu sein, allerdings konnten wir aufgrund des dichten Nebels nur sehr wenig erkennen. Es dauerte nicht lange, bis wir ein Doppeltor erreichten, über dem eine schwache gelbe Glühbirne den Nebel durchleuchtete. Es war der Eingang zu einem anderen Gefängnis. Wir schritten durch einen kleinen Torbogen in einen kleinen kopfsteingepflasterten Innenhof, wo uns ein kleiner knurrender Wächter empfing, der einen langen Säbel trug, welcher schon fast über den Boden schleifte. Seiner Schulterklappe und seinem knurrenden Ton nach zu schließen, hatte er bestimmt eine hohe Befehlsgewalt inne. Der Mann mit dem Säbel befahl den Schupos, uns durch einen schmalen Eingang ins Gefängnis zu bringen.

Das Gefängnis in der Windstraße (Trier), kleine andere trierer zeitung, Juli/August 1990

Als wir drinnen waren, wiederholten sich die üblichen Appelle und Zählungen der 25 Häftlinge immer und immer wieder – es hatte den Anschein, als ob Zählen ein heiliges deutsches Ritual war, da die einzigen vernehmbaren Wörter die Namen der Häftlinge waren, die man aufrief, während die einzige Bewegung vom Bleistift des dienstältesten Wachmannes kam, der unsere Namen auf der Liste abhakte. Als der Säbel tragende Wachmann zufrieden darüber war, dass wir alle gezählt waren, quittierte er beim Unteroffizier (Schupo), der ihn anschließend aus dem Gefängnis eskortierte. Als er zurückkam, teilte er uns in zwei Gruppen auf und stopfte uns in zwei mittelgroße Zellen. Niemand von uns hatte genügend Platz auf dem Boden gefunden, um sich hinzulegen, und unsere Zelle stank nach altem Urin und Fäkalien, was von dem Toiletteneimer aus einer der Zellenecken kam, und vor der sich eine Linie aufreihen sollte. Der Gestank sollte schon bald nicht mehr zu ertragen sein, und es gab immer noch ein paar Schreier, die fragten, ob denn noch jemand Toilettenpapier hätte. Als das Abendlicht durch die vergitterten Fenster schien, sahen wir, dass der Toiletteneimer übergelaufen war und die Leiden derjenigen vergrößerte, die unmittelbar um ihn herumstanden.

Es war unmöglich gewesen zu schlafen, da wir kaum ausreichend Platz hatten, unaufhörlich geschwätzt wurde und sich während der Nacht ein paar neu ankommende junge Häftlinge uns vorstellten. Es schien sie zu überraschen, dass zwei „Engländer" (Anglais) mit ihnen zusammen eingesperrt waren. Aber so waren wir halt. Ich erzählte den Neugierigen, dass wir von den Kanalinseln kamen, dazu war es aber notwendig, ihnen zu erläutern, wo die Kanalinseln überhaupt lagen und die Umstände ihrer Besetzung. Nachdem sie unsere Geschichte gehört hatten, reichten sie uns die Hand – es hatte den Anschein, dass sie uns in ihrer Bruderschaft aufgenommen hatten. Ich war ein wenig besorgt, was Maurice angeht, da unter den Gefangenen niemand war, der Englisch sprach, und es schien ihn auch nicht besonders zu beunruhigen, solange ich für ihn übersetzte. Als ich von ihm gefragt wurde, ob es denn schwierig gewesen sei, Französisch zu lernen, erwiderte ich, dass er die Sprache durch Zuhören und Fragen lernen könne. Ich behauptete, dass die Grammatik nicht erforderlich sei, solange man in der Lage ist, sich verständlich zu machen. Maurice hatte ein wenig Französisch in der Schule gelernt, aber er war durch die Fälle und Verben total verwirrt, aber was am allerwichtigsten war, er begriff nicht die Unterschiede formellen und informellen Gebrauchs im Französischen. Bis zum Mittag erhielt jeder von uns eine

Kelle mit einer dickflüssigen Suppe und eine Scheibe Schwarzbrot. Die Suppe war besser als die, die wir in Fresnes gegessen hatten, und war uns höchst willkommen, wobei erwähnt werden sollte, dass ich auch in Fresnes alles, was mir an Brot und Wurst ausgeteilt wurde, gegessen hatte. Im Waggon hatte ich bemerkt, dass Maurice nur kleine Stücke auf einmal aß, wohingegen ich alles direkt verschlungen hatte, sobald es mir ausgeteilt wurde. Maurice hatte noch mehr als die Hälfte seines Brotes und seiner Wurst übrig, worüber ich sehr überrascht war, und als er anbot, mir etwas abgeben zu wollen, lehnte ich ab und beschloss, langsamer zu essen und etwas aufzubewahren. Es sollte sich herausstellen, dass dies die bessere Variante war. Sobald wir am Samstagmorgen, den 7. Juni, mit dem Essen fertig waren, wurde uns befohlen, uns fertig zu machen, da wir bald aufbrechen würden. Ich fragte einen der Wachmänner, wohin wir gehen würden, aber mir wurde daraufhin gesagt: „Halts Maul!" Etwa eine Stunde später mussten wir im Hof antreten, wo unsere Schupos, die wir aus der vorherigen Nacht kannten, auf uns warteten. Schließlich, in Dreierreihen aufgestellt, durchliefen wir die üblichen Zählappelle, und jeder von uns war erleichtert, als wir aus dem Gefängnis auf die Straßen Triers ausmarschiert waren. Als sich unsere kleine „Terroristengruppe" entlang der Kopfsteinpflasterstraße von Trier quälte, passierten wir viele Deutsche, die ihren Tagesgeschäften nachgingen – sie würdigten uns kaum eines Blickes. Ich vermutete, dass es sich für sie um eine alltägliche Gewohnheit handelte, dreckige, unrasierte und offensichtlich ausländische Häftlinge zu sehen, die sich durch ihre schönen und sauberen Straßen drängten. Maurice bemerkte die Sauberkeit der Stadt, und ich stimmte ihm zu, da die Stadt wohl einen ländlichen Wohlstand besaß und von den Kriegsereignissen bislang verschont geblieben war. Als wir an dem Bahnhof ankamen, warteten dort bereits mehrere Schupos auf uns. Wir wurden gezählt und überprüft, dann wurden Maurice und ich in ein 3.-Klasse-Abteil gesteckt, zusammen mit vier anderen Häftlingen. Sie waren von einem bewaffneten Schupo begleitet, der anscheinend schon in den Sechzigern war. Er machte einen sympathischen Eindruck, aber als ich ihn fragte, wohin man uns bringen würde, sagte er mir, ich solle besser meine Klappe halten. Es hatte für uns den Anschein, dass „die Klappe halten" auf der Liste deutscher Prioritäten ganz weit oben stand. Gerade als wir alle an Bord waren, fuhr der Zug abrupt los und verließ den Trierer Bahnhof. Da weder ein Sichtschutz noch ein Vorhang vor den Fenstern war, ergab sich für uns eine wundervolle Aussicht auf grüne Weinberge, kleine Dörfer, wunderschöne Nadelwälder und gepflegte Felder, auf denen sich die Menschen plagten. Einige von ihnen winkten uns sogar zu, als wir vorbeifuhren – sie hätten es vermutlich nicht getan, hätten sie gewusst, dass der kleine Zug voller „Terroristen" ist. Wir waren noch keine Stunde unterwegs, als unser Zug langsamer wurde. Ich schaute aus dem Fenster, und wir sahen ein kleines Ziegelsteingebäude, auf dem ein verblasstes Schild mit der Aufschrift „Reinsfelder HBF" angebracht war. Ich hatte keine Ahnung, wo Reinsfeld lag, und die anderen übrigens auch nicht. Im Hof sahen wir zwei Gruppen von Häftlingen, die einen Lastkraftwagen und einen Bauernkarren mit Kohlebrocken und Holzbrettern beluden. Sie waren in einer bunten Mischung aus verschiedenen Militäruniformen gekleidet, einige davon waren khaki, einige schwarz und andere grün. Manche trugen reithosenähnliche Hosen und lange Jacken mit großen Taschen, von denen einige lange gelbe Streifen hatten, die bis unten hin genäht waren, während andere ähnliche Streifen auf dem Hosenbein angenäht hatten. Einer unserer Gruppe mutmaßte, dass es sich um polnische oder russische Kriegsgefangene handeln könnte. Wie auch immer, diejenigen, die nahe bei den vermeintlichen „Russen" standen, waren geschockt, als einer der (völlig) ausgemergelten Häftlinge mit ihm in klarem Französisch sprach. Das (menschliche) Gerippe wies uns an, alle Essensvorräte aufzubrauchen, bevor wir das Lager erreichten, da dort alles konfisziert werden würde. Weiterhin sollten wir uns allem, was uns belasten könnte, vor Erreichen des Lagers entledigen. Alle in Hörweite, mich eingeschlossen, staunten über das perfekte Französisch dieses „Russen". Sobald unser Gepäck auf dem Militär-LKW aufgeladen war, begann der Marsch zu unserem neuesten Bestimmungsort. Unterwegs vermutete einer der Schupos, man würde uns vielleicht in der Forstwirtschaft einsetzen. Ich hoffte insgeheim, er würde Recht behalten, erwähnte aber bei Maurice, dass er dies vermutlich nur gesagt hatte, um uns zu beschwichtigen. Die Straßen waren von großen Kiefern gesäumt, die einen sehr angenehmen Duft verbreiteten – ein angenehmer Wechsel nach sechs Wochen in einer stinkenden Zelle. Wir marschierten durch eine kleine, hübsche Ortschaft, und erneut wurden wir von den Frauen und Kindern außerhalb eines Backwarenladens kaum eines Blickes gewürdigt. Schließlich erreichten wir die höchste Stelle eines Hügels mit Blick über ein kleines Lager, das von Maschen- und Stacheldraht umgeben war, dennoch machte es einen sauberen und einladenden Eindruck.

Ich zählte acht große Baracken und einige kleinere Hütten im Hauptlager, die alle um den Exerzierplatz (eigentlich Appellplatz) herum gebaut waren. Die Baracken waren mit dunklen Schindeln bedeckt und ihre Dächer waren geteert. Es war nahezu unmöglich, das große hölzerne Tor des Lagereingangs zu übersehen, ebenso wenig konnten wir es vermeiden, die Wachtürme zu sehen, aber es schien friedvoll zu sein, und kaum eine Menschenseele war zu sehen. Auf der anderen Seite der Straße gegenüber dem Lager waren acht oder neun kleinere Baracken, jedoch wurden sie von keinem Zaun umgeben [20], und daher nahm ich an, dass es sich dabei um die Quartiere der Wachleute handelte. Das Hauptlager sah weder bedrohlich noch Furcht einflößend aus, wenn man bedenkt, was wir bisher durchgemacht hatten.

Gesamtansicht des Lagers, ca. 1941, Quelle: NS-Dokumentationszentrum Rheinland-Pfalz

Ganz im Gegenteil: Es wirkte sauber und freundlich, und beim Anblick dieses ansprechenden Lagers inmitten dieser schönen ländlichen Gegend war meine Angst wie weggeblasen. Ich dachte mir, dass der Schupo doch Recht haben könnte und es sich um ein forstwirtschaftliches Lager handelte. Dennoch kamen Zweifel in mir auf, da sich das Verhalten des Schupos änderte, je näher wir dem Lager kamen. Bis zu diesem Zeitpunkt verhielten sie sich vernünftig, aber als wir uns dem großen hölzernen Tor näherten, wurden sie laut, fauchend und schreiend, bis wir schließlich vor dem großen Tor anhielten. Weder bewegte sich der SS-Wachposten noch sah er uns an. Er wirkte eher unbekümmert, was unsere Ankunft betraf. Über dem Tor war ein gemaltes Holzschild mit der Aufschrift: „SS-Sonderlager Hinzert". Ich kannte die Bedeutung des Wortes „Sonderlager" (Special Camp), aber ich wusste wenig über die SS, außer dem, was ich in Magazinen gelesen hatte, und darin wurde beschrieben, dass die SS (auch Schutzstaffel genannt) als persönliche Leibwache Adolf Hitlers gebildet wurde. Ich vermutete, dass „Hinzert" der Name des Lagers war, zumal es nahe der Ortschaft Hinzert lag, durch die wir gerade marschiert waren [21]. Das große Tor öffnete sich schließlich, und wir marschierten an einem Wachhäuschen vorbei, versammelten uns dann in Zweierreihen gegenüber einem Gebäude, das offensichtlich der Verwaltungsblock war. Zwei unserer Schupos gingen in das Büro, und als sie wieder herauskamen, wurden sie von einem kleinen SS-Offizier und einem SS-Unteroffizier (gemeint: SS-Unterscharführer) begleitet. Wir wurden erneut gezählt und registriert, und als diese Prozedur beendet war, hasteten die Schupos aus dem Lager, als ob ihnen der Leibhaftige auf den Fersen wäre. Das hätte uns eigentlich eine Warnung sein müssen, aber wir schöpften immer noch keinen Verdacht, als wir da standen und den Duft der Kiefern einatmeten. Die Stimmung war bis zum Zerreißen gespannt, sodass man sie mit einem stumpfen Messer hätte zerschneiden können. Und als ich meinen Atem anhielt, bemerkte ich, dass ich nicht der Einzige war, der diese Anspannung spürte. Keiner der SS-Männer sagte etwas. Sie betrachteten uns wortlos, als ob sie eine Kuhherde inspizierten, die gleich zur Schlachtbank geführt wird. Aber von Zeit zu Zeit blickten sie über ihre Schultern Richtung Verwaltungsblock, sodass es offensichtlich war, dass sie auf einen Vorgesetzten warteten. Keiner von uns rührte sich.

Wie erstarrt waren unsere Blicke nach vorne gerichtet, und alle spürten, dass etwas Ungewöhnliches passieren sollte. Es herrschte eisiges Schweigen, und in meinem erstarrten Zustand erinnerte ich mich an die Heilige Schrift, die von einem Ort namens Fegefeuer berichtet, in der die Seelen jener solange schmorten, bis genügend Gebete gesprochen wurden, um sie aus dem Höllenfeuer zu retten – ich kannte das Fegefeuer sehr gut, da ich schon viele Rosenkränze gebetet hatte, um diese Seelen zu erlösen. Die Heilige Schrift erklärte das Fegefeuer, doch ich konnte mich nicht daran erinnern: „Das Fegefeuer ist ein Platz in der Hölle, wo die Seelen der kürzlich Verstorbenen auf die Gnade Gottes warten…". Ich zermarterte mir das Gehirn über den Rest der Geschichte. Ich konnte mir jedoch nicht vorstellen, dass das Fegefeuer genau da ist, wo ich mich jetzt befand, und ich fühlte, dass uns gleich der Teufel erscheinen würde.

Ich hatte Recht, denn es dauerte nicht lange, bis der Zorn der Hölle für uns entfesselt wurde – aber dann war ich gewarnt, und ich wusste, dass ein Rosenkranz mir nicht mehr helfen würde, ganz egal, wie viele „Gegrüßet-seist-du-Maria" ich auch beten würde.

a) Einweisungsrituale, SS-Psychologie und Quarantäne

Die Zeitungen in Jersey wurden streng zensiert, und die Deutschen ließen nur das drucken, was wir lesen sollten. Dennoch hatten wir vor kurzem in britischen Zeitungen vor der Besetzung über Gräueltaten der SS in der Tschechoslowakei und Polen gelesen, aber ich hatte die SS nicht mit Konzentrationslagern in Verbindung gebracht. Britische Zeitungen stellten die SS als fanatische Nationalsozialisten dar, die geschworen hatten, Hitlers Befehle bis in den Tod zu befolgen. Ein Artikel berichtete, dass sich die SS(-Männer) ihre Blutgruppe unter die Achselhöhle tätowieren ließen, um ihre arische Reinheit zu betonen, und ich stand wie erstarrt da und wusste, dass ich von ihnen nur das Übelste zu erwarten hatte, obwohl der Offizier und der Unteroffizier momentan noch ruhig wirkten. Als unsere französischen Kameraden im Zug über die SS sprachen, stellten sie diese als brutale Verbrecherbande dar. Ein älterer Franzose berichtete über die verschiedenen Gruppierungen innerhalb der SS, aber er hatte nicht erwähnt, dass die Totenkopfverbände der SS speziell für die Wachaufgaben in den KZ ausgebildet wurden. Abgesehen von dem kleinen SS-Obersturmführer (SS-Lieutenant), standen noch vier weitere SS-Männer in der Nähe unserer Gruppe. Einer war ein Oberscharführer (Staff Sergeant), ein weiterer ein Unterscharführer (Corporal) und zwei Rottenführer (Lance Corporals). Sie alle hatten einen silbernen Totenkopf auf ihren Dienstmützen, und ihr rechter Jackenaufschlag hatte schwarze Klappen, auf denen SS-Runen aufgestickt waren. Der linke Aufschlag war mit ihren Dienstgraden verziert, und die Biese um ihr Schulterstück herum war schwarz. Sie warteten offensichtlich auf eine Person mit entsprechender Befehlsgewalt, die aus der Baracke kommen sollte. Dessen ungeachtet, knurrte ein anderer: „Schaut nach vorne! Maul halten!" Seitlich blickend, sah ich ein paar abgemagerte Häftlinge vorbeirennen. Allem Anschein nach waren es polnische oder russische Kriegsgefangene, die die gleichen bunten, durcheinander gewürfelten Militäruniformen trugen, wie wir sie schon in Reinsfeld gesehen hatten. Wenn sie an den SS-Männern vorbeirannten, nahmen sie ihre Mützen ab, drehten je nachdem den Kopf nach rechts oder links, sodass ich vermutete, dass sie salutierten, allerdings wurde ihr Salutieren ignoriert. Einige der umherrennenden Männer waren fürchterlich ausgemergelt, und ihre Bewegungen wirkten unkoordiniert, als ob sie wie Marionetten von Seilen bedient wurden. Man musste kein Arzt sein, um zu erkennen, dass sie ein fortgeschrittenes Stadium an Unterernährung aufwiesen. Auch ich hatte in den vergangenen Wochen ernsthaft an Gewicht verloren und musste drei zusätzliche Löcher in meinen Gürtel machen, damit mir die Hose nicht herunterrutschte. Als der SS-Oberscharführer aufhörte, sich Notizen zu machen, hörte ich, wie er nach dem Lagerführer [22] rufen ließ. Er wies einen Mann an, den Lagerführer zu rufen und ihm mitzuteilen, dass die Neuankömmlinge für die Inspektion bereit seien. Ich war etwas verwirrt über das offensichtliche Desinteresse seitens der SS, die, abgesehen von ein oder zwei kehligen Befehlen, uns komplett ignorierten, höchstwahrscheinlich, da wir exakt das getan hatten, was uns befohlen wurde. Dennoch sollte ich sehr schnell lernen, dass dies nicht der Fall war und wir mit Absicht Bekanntschaft mit der berüchtigten „Eingangsprozedur" machen sollten, die in erster Linie darauf abzielte, uns einzuschüchtern und uns zu zeigen, wer hier das Sagen hatte.

Schließlich schritt der Lagerführer aus einem Büro. Er war mittleren Alters mit einem grauen, Hitler-typischen Schnurrbart. Hinter dem Lagerführer lauerte ein stämmiger Mann, uniformiert in einer fast maßgeschneiderten khakifarbenen Uniform, vervollständigt durch die Kappe eines Fremdenlegionärs, die hinten einen Sonnenschutz hatte. Er schien mir fehl am Platz zu sein, und ich war kaum in der Lage, meine Augen von ihm zu lassen: Er sah aus, als gehörte er in eine französische Kolonie, gegen die feindlichen Araber kämpfend, genau wie in dem Film „Beau Geste" (Deutscher Titel: Drei Fremdenlegionäre, USA 1939). Der „Legionär" schritt direkt vor unsere Gruppe und stellte sich in einem barschen, stark deutsch akzentuierten Französisch als Hinzerts Lagerältester (senior capo) Eugen Wipf vor. Ich hatte keine Ahnung, was da gerade vor sich ging, da der Mann doch ganz offensichtlich ein Häftling war, genau wie wir es waren, aber irgendwie schien er Angst unter den SS auszulösen – was für ein ungewöhnliches Szenario! (Lager-)Kapo Wipf befahl uns, strammzustehen und unsere Namen zu sagen, sobald sie aufgerufen würden. Er befahl uns weiter, dass wir uns wieder in der von ihm vorgegebenen Reihe aufzustellen hätten, nachdem unsere Namen genannt wurden. „Oder", wie er sagte, „ich werde mich ernsthaft um euch kümmern!" Der seltsame Mann befahl uns weiter, die Augen immer geradeaus zu richten, „oder sonst werde ich mich ernsthaft um euch kümmern müssen." Es fiel nicht besonders schwer, sich auszumalen, was „um uns kümmern" in Wahrheit bedeutete, hielt er doch einen mächtigen Knüppel in einer Hand. Als Wipf fertig war, marschierte er zu einer Gruppe von SS(-Männern), salutierte mit militärischem Gruß und berichtete dem Lagerführer, dass wir bereit für den „Appell" seien. Der (Schutzhaft-)Lagerführer Karl Martin befahl dem Oberscharführer Willi Kleinhenn, dem für die Zählappelle verantwortlichen Rapportführer, den Appell durchzuführen. Kleinhenn begann unsere Namen vorzulesen, und als jeder Häftling antwortete, blickte er flüchtig auf seine Liste, hakte die Namen ab und kritzelte etwas daneben. Nachdem der Appell beendet war, informierte uns Wipf, dass man uns Nummern geben würde und dass wir während unserer Zeit im Lager darauf zu antworten hätten. Er grinste von einem Ohr zum anderen und fügte hinzu, dass wir nun unsere Namen verloren hätten und fortan nur noch Nummern seien. Immer noch grinsend sagte er, dass wir unsere Nummern bis morgen auf Deutsch kennen müssten, sonst würde er sich um uns kümmern. Und um seine Drohung zu unterstreichen, stürzte er sich auf einen Häftling in der hinteren Reihe und verabreichte ihm mehrere schnell ausgeführte Schläge mit einem Knüppel. Wipf erklärte „…dass die Drecksau während des Strammstehens den Kopf drehte". Er bemerkte: „Denkt daran, dass man euch hierher gebracht hat, um euch zu disziplinieren und um zu arbeiten. Ihr werdet jeden Befehl ausführen! Ich werde es nicht noch einmal sagen, aber wenn es heißt „Stillgestanden", dann richtet ihr die Augen nach vorne! Ihr seid hier nicht mehr in der Schule! Wir sind hier nicht in einem Kurort! Hier macht ihr das, was man euch befiehlt!

Ungewöhnlich war, dass die SS scheinbar den Schlägen (von Wipf) keine Beachtung schenkte. Sie hatten sich nicht einmal umgedreht, als der Mann vor Schmerzen schrie. Sie standen einfach nur in kleinen Gruppen beisammen und betrachteten die Listen, die der Lagerführer in seiner Hand hielt. Als Wipf auf seinem Platz war, schritt der Lagerführer die erste Reihe ab und zählte, indem er mit dem Bleistift auf sie zeigte. Als er zu dem letzten Mann kam, sagte er: „Genau 52 Schutzhäftlinge!" Als er an mir vorbeischritt, versuchte ich mich möglichst unauffällig zu verhalten. Meine Finger waren entlang der Hosenbeine ausgestreckt, und ich stand beinahe da wie eine Statue, war aber zugleich zu Tode erschrocken, zumal ich fühlte, dass dies nur die Ruhe vor dem Sturm war. Ich war schon immer etwas übersinnlich veranlagt und erwartete, dass die Bombe dann hochgehen würde, wenn der richtige Zeitpunkt gekommen wäre, obwohl es momentan noch nicht danach aussah. Dennoch war die Stimmung eisig, und das trotz der wärmenden Sonne.

Mir war bewusst, dass meine Kameraden tapfere Widerstandskämpfer waren, die gegen die deutsche Besatzung gekämpft hatten, und meines Wissens befand sich unter ihnen auch kein Feigling, jedoch löste diese ungewöhnliche Situation eine Art Lähmung in uns aus. Ich wusste, dass viele der Franzosen schon ihre Erfahrungen gemacht hatten, was Misshandlungen und seelischen Terror angeht, aber unsere Einweisung in das SS-Sonderlager Hinzert löste in uns eine unerklärliche und andere Art von Angst aus. Ich konnte nicht genau erklären, warum das so war, aber ich fühlte, dass die SS mich, ohne einen einzigen Gedanken daran zu verschwenden, freudig töten würde, sollte ich ihr Missfallen erregen. Ihre Ruhe und ihr grausamer Blick ließen mich erkennen, dass sie die Macht über Leben und Tod hatten. Und obwohl sie nicht die typisch arischen Merkmale wie blonde Haare und blaue Augen aufwiesen, hatten sie jedoch eines gemeinsam, kalte und zugleich Furcht einflößende Augen ohne das geringste Zeichen von Mitgefühl.

Plötzlich begann Wipf zu brüllen: „Man hat euch hierher gebracht, um zu arbeiten oder zu krepieren! Wenn ihr hier lebend herauskommen wollt, müsst ihr eure Haltung grundlegend ändern! Ihr seid alle Drecksäcke und französische Terroristen, aber hier wird man euch Respekt beibringen, sonst werdet ihr mit den Füßen zuerst herausgetragen werden. Lasst mich das klarstellen!" Nicht ein Mucks kam aus unseren Reihen. Wir standen immer noch wie erstarrt da, die Augen geradeaus gerichtet. Von Zeit zu Zeit drosch Wipf auf einen Häftling ein, dessen Haltung ihm missfiel oder weil der Mann einfach nur gehustet hatte. Dann schritt er unsere Reihen ab und starrte jedem in die Augen. Er stieß in die Unterleiber und schrie, dass wir strammstehen und uns wie Soldaten verhalten sollten. Zum Glück stoppte er diesen Exzess und stellte sich rechts von unserer kleinen Kolonne auf. Der SS-Offizier huschte zur linken Seite unserer Kolonne, und der Unterscharführer stellte sich hinter uns. Und aus einem Augenwinkel konnte ich erkennen, wie sich ein anderer SS-Offizier näherte. Er führte einen gewaltigen Deutschen Schäferhund an der Leine. Seine silbernen Schulter- und Kragenabzeichen wiesen auf einen Hauptsturmführer [23] (Captain) hin. Seine SS-Uniform war makellos, und seine kniehohen schwarzen Stiefel leuchteten unterhalb einer eleganten Reithose. SS-Untersturmführer Albert Heinrich, seine rechte Hand und Gehilfe des Lagerführers Karl Martin, schritt hinter dem Hund des Kommandanten.

Der Lagerkommandant trat vor uns und stellte sich uns als der Lagerkommandant Paul Sporrenberg vor. Während Wipf seine Worte ins Französische übersetzte, fuhr er fort: „Man hat euch hierher gebracht, um Disziplin zu lernen, weil ihr alle Straftaten gegen das Reich begangen habt. Ihr seid alle Terroristen, und ich gebe euch mein Wort darauf, dass ihr dafür bezahlen werdet, aber bevor das geschieht, werdet ihr hier erst einmal Disziplin lernen. Ihr seid Feinde des Reiches, und wenn ihr wieder hier herauskommen wollt, werdet ihr das tun, was man euch sagt, und sehr hart arbeiten müssen. Wenn ihr die Regeln missachtet, werdet ihr bestraft, aber wenn ihr hart arbeitet und die Vorschriften befolgt, könnt ihr hier wieder herauskommen. Seid respektvoll gegenüber dem Lagerpersonal! Haltet euch an die Anweisungen und befolgt sie! Habt ihr das verstanden?" Die letzten Worte, die Wipf übersetzte, lauteten: „Est-ce que vous avez compris?" Maurice muss wohl das Wort „compris" verstanden haben, hob seine Hand und sagte:„Nix compris!" Als Wipf dies hörte, drängte er sich durch die erste Reihe und begann damit, Maurice mit einem schweren Knüppel zu verprügeln. Nach etwa einem Dutzend Schläge auf seinen Kopf, sackte Maurice besinnungslos zusammen. Obwohl Maurice schon bewusstlos am Boden lag, schien sich Wipf damit nicht zufrieden zu geben und trat auf den regungslosen Körper, vor allem die ungeschützten Bereiche, ein. Seitens der SS gab es keinerlei Reaktion, die schauten zu, als ob es sich um ein Kasperltheater handeln würde (Punch und Judy Show). Unfähig, Wipfs Barbarei länger ertragen zu können, schrie ich auf Französisch:„Sir, er ist Engländer und versteht kein Französisch!" Wipf hörte auf, ihn zu treten, und starrte mich an, als wenn er mich als sein nächstes Opfer auserkoren hätte. Ich atmete auf, denn anstatt mich zu verprügeln, ging er zum Lagerkommandanten, der ihm etwas sagte, das ihn dazu veranlasste, zurück in die Baracke zu gehen. Einen kurzen Augenblick später kam er wieder heraus, gefolgt von einem jungen Häftling, der eine Hornbrille trug. Beide gingen vorbei und salutierten vor Sporrenberg, der ihnen etwas mitteilte und in unsere Richtung nickte. In der Zwischenzeit richtete sich Maurice halbwegs wieder auf, und als er aufstehen wollte, half ich ihm, wieder auf die Beine zu kommen. Sodann legte ich ihm meinen Arm um seine Taille, damit er nicht erneut zu Boden sackte. Wipf kam zu uns und befahl dem Häftling, alles, was Kommandant Sporrenberg sagen würde, ins Englische zu übersetzen. Der Gefangene, Gaston Mertens, ein Luxemburger aus Esch, übersetzte in exzellentem Englisch Sporrenbergs Hetzrede. Gaston brauchte nicht nachzufragen, was ihm gesagt wurde, denn er arbeitete in der Baracke, die direkt vor uns war und wo wir uns versammelt hatten, und er, da habe ich keinen Zweifel, gab Sporrenbergs Rede wortwörtlich wieder. Nachdem Gaston mit Übersetzen fertig war, befahl ihm Sporrenberg, Maurice zu fragen, ob er verstanden habe, was man zu ihm gesagt hatte. Und Maurice, der sich in der Zwischenzeit wieder etwas erholt hatte, nickte nur und sagte: „Ja, Sir, ich habe verstanden."

Wipf lief herüber und fragte, ob ich ebenfalls Engländer sei. Als ich dies bejahte, wollte er wissen, warum ich Französisch spräche und Maurice nicht. Ich erzählte ihm, dass ich auf einer französischen Schule gewesen war. Und als er wissen wollte, wo das war, erklärte ich, dass ich eine Schule auf den Kanalinseln besucht hatte. Wipf hatte keine Ahnung, wo sich die Inseln befanden, und daraufhin erklärte ich ihm ihre geographische Lage. Nachdem er keine weiteren Fragen mehr hatte, lief er rüber zu Sporrenberg und berichtete ihm von unserer Unterredung. Sporrenberg sagte auf Deutsch: „Wenn ihr mit ihnen fertig seid, bringt die beiden Engländer in mein Büro." Daraufhin, zu meiner großen Erleichterung, ging Sporrenberg, gefolgt von seinem Hund und einem kleinen Obersturmführer, aus dem Lager. Nachdem noch drei weitere SS-Männer dazu gestoßen waren, drängten sie sich mit Kapo Wipf zusammen, der ein paar Sekunden später zu uns herüberkam und sagte: „Ihr seid solche stinkenden Schweine, dass man ein wenig nachhelfen muss, euren Gestank wieder los zu werden." Wipf rannte zu mir und brüllte: „Sag deinem Freund Churchill, was ich dir eben gesagt habe!" Sofort übersetzte ich seine Worte für Maurice, der mir durch Zunicken zu verstehen gab, dass er es verstanden hatte. Im Grunde genommen hatte ich gegen Sporttreiben nichts einzuwenden, schließlich standen wir für über eine Stunde lang stramm, ebenso hatten wir in den vergangenen sechs Wochen keine Erlaubnis gehabt, nach draußen zu gehen und uns großartig körperlich zu betätigen. (Sportliche) Bewegung hatte ich schon immer gemocht, aber ich hatte nicht das Einweisungsritual des SS-Sonderlagers Hinzert auf der Rechnung. Wipf befahl uns, eine Reihe zu bilden, und wir alle rannten los, um dem Befehl Folge zu leisten.

Auszug aus einem Plan des Lagers Hinzert, von Albert Kaiser
Quelle: Centre des Recherches et des Documentations sur la Résistance Luxembourg

Des Weiteren waren auch SS-Männer unter uns, die rechts und links von uns standen, wild mit Schlagstöcken fuchtelten und uns mit ihren schweren Reitstiefeln traten. Sie alle schrieen sich die Seele aus dem Leib: „Los! Los! Schnell! Schneller!" Jeder von uns fügte sich, zumal wir wussten, was ihr Geschrei zu bedeuten hatte. Als wir in einer Reihe waren, befahl uns Wipf, um den Appellplatz zu laufen, und sobald wir damit begannen, schrie er im Takt: „Eins, zwei, drei, vier…eins, zwei, drei, vier." Als wir vier oder fünf Runden um den (Appell-)Platz hinter uns hatten, erhöhte dieser Irre das Tempo, und drei oder vier Runden später wurden die älteren und bislang schlimmer Misshandelten von den Jüngeren überholt. Denjenigen, die unglücklicherweise hinterherhinkten, wurde von neu eingetroffenen SS-Männern „geholfen", die mit Knüppeln und Stielen einer Hacke auf sie einschlugen. Es dauerte nicht lange, bis mehrere Körper zusammengesackt auf dem Appellplatz lagen, wo sie alsbald die Aufmerksamkeit der SS auf sich zogen, die sie mit Knüppeln und Stiefel(-Tritten) „wiederbelebten". Einige schafften es noch, auf wackeligen Beinen zu torkeln, aber die meisten lagen auf dem Boden, als die SS damit fortfuhr, sie zu treten. In einigen Fällen hätten diese Unmenschen vermutlich wohl den ganzen Tag lang die mittlerweile besinnungslos auf dem Boden liegenden Männer weiter getreten, ohne dass diese eine Reaktion von sich gaben. Ich war beinahe am Kopf der Gruppe und sah alles direkt vor mir. Ich bemerkte, dass das schlimmste Scheusal Kapo Eugen Wipf war, der auf jeden mit seinem Knüppel eindrosch. Sein wahnsinniges Grinsen ließ mich erahnen, dass er Freude daran hatte. Er war voll in seinem Element, als er herumschrie und nach seinen SS-Herren rief. Er hörte nicht auf zu schreien, und während der meisten Zeit dieses (Gewalt-)Exzesses verhöhnte er die gesamte französische Nation. Von Zeit zu Zeit vergaß er auch Maurice und mich nicht und er tat sein Bestes, um auch die Engländer zu verspotten. Als ich die Ecken (des Appellplatzes) umrundete, hielt ich nach Maurice Ausschau, wie es ihm erging, und war erleichtert festzustellen, dass er in der Mitte der Reihe war, und obwohl er hechelte und keuchte, war er immer noch auf seinen Füßen. Er hatte einen fürchterlichen Schlag von Wipf abbekommen, aber er war kein Drückeberger. Es brauchte mehr als Leute vom Schlage, wie Eugen Wipf einer war, um einen so außergewöhnlichen Mut zu schwächen. Überdrüssig, uns im Kreise rennen zu sehen, befahl Wipf uns, in zwei Reihen aufzustellen, wo er alsdann erneut befahl, sich auf den Bauch zu legen. Als wir gerade diese Position eingenommen hatten, erhielten wir von ihm den Befehl, Liegestützen zu machen. Ich hatte keine Ahnung, wie viele Liegestütze er erwartete, jedoch bevor er „zwanzig" zählte, war keiner von uns mehr in der Lage, seinen Körper aus dem Matsch zu heben. Daraufhin begann Wipf zu toben und veranlasste die SS, in unseren Reihen Amok zu laufen, wobei sie auf jeden eintraten und einschlugen, der nicht mehr in der Lage war, seine Brust vom Boden hochzuhieven.

Sie fluchten und drohten damit, diejenigen zu erschießen, die nicht gehorchten, und sie erinnerten uns daran, dass wir in Hinzert waren, um Disziplin zu lernen. Dies löste in vielen furchtbare Angst aus, aber wir waren völlig erschöpft, und keine weiteren Liegestützen standen uns bevor. Wir lagen alle da in der Erwartung, dass die Kugeln der SS in unsere Schädel einschlagen würden. Glücklicherweise war dies nicht der Fall, jedoch ließ uns Wipf im Froschgang um den Appellplatz laufen. Bevor wir aber damit beginnen sollten, zeigte uns Wipf persönlich, was wir zu tun hatten. Wir mussten in einer Hockstellung kauern, dann mit ausgestreckten Armen nach vorne springen, um dann wieder unsere ursprüngliche Hockstellung einzunehmen. Jedes Mal, wenn wir sprangen, befahl uns Wipf, wie Frösche zu quaken, „genau das seid ihr nämlich – Frösche!" Es war geradezu erbärmlich, mit ansehen zu müssen, wie Wipf zu seinen SS-Herren hinüber sah, als ob er darauf wartete, ausgezeichnet zu werden. Die SS muss wohl Gefallen an dem Herrn des zweibeinigen Zirkus gefunden haben, denn sie lachten und ermunterten ihn, uns schneller und weiter springen zu lassen. Und wiederum dauerte es nicht lange, bis wir völlig erschöpft und nicht mehr in der Lage waren, uns wie dressierte Seerobben aufzuführen. Einige Häftlinge lagen reglos da, während andere, völlig außer Atem, sich die Lunge aus dem Leib hechelten, um überhaupt noch Luft zu bekommen. Andere, wie Maurice, waren immer noch auf den Beinen, aber außerstande, auch nur noch einen Fuß vor den anderen zu setzen, ungeachtet der Prügel, die sie einstecken mussten. Die SS und Kapo Wipf hatten ihren großen Tag, als sie schlugen und schrieen: „Auf! Auf! Quakt! Quakt, ihr Franzosen!" Offensichtlich kannten sie dieses Spiel!

Als es nicht mehr zu übersehen war, dass wir absolut gar keine Kraft mehr hatten - und man hätte schon ein kompletter Schwachkopf sein müssen, dies nicht zu erkennen – befahl uns Wipf zurückzutreten. Dennoch mussten etliche Häftlinge getragen werden und wurden wieder in ihre Ausgangsposition zurückgelegt – völlig besinnungslos. Unglücklicherweise dauerte es nicht lange, bevor die armen Kerle inklusive derjenigen, die zugeteilt wurden, ihnen zu helfen, wieder auf die Beine geprügelt wurden. Meine Lungen hoben sich und ich stank nach Schweiß;

etwas, was ich in meinem bisherigen Leben nie zuvor gespürt hatte. Ich war zu geschockt, um zu begreifen, was gerade geschehen war.

Wipf tobte: „Das war nur eine kleine Übung, um in Form zu kommen. Bedenkt, dass hier im Lager alles im Laufschritt getan wird! Ihr geht nicht, ihr rennt! Wenn ihr Wachen seht, nehmt ihre eure Mützen ab und schaut nach links oder rechts, um zu salutieren! Wenn ihr vom Lagerpersonal gerufen werdet, bleibt ihr sofort stehen. Dann habt ihr strammzustehen und sofort eure Mützen abzunehmen! Ihr werdet dann eure Nummer auf Deutsch sagen! Ja, eure Nummer! Euch wurde schon gesagt, dass ihr eure Namen bereits verloren habt! Du Engländer, sag deinem Freund, was ich gerade gesagt habe!" Ich übersetzte Wipfs Worte für Maurice, der durch Nicken Wipf zu verstehen gab, dass er verstanden hatte. Der Kapo warnte uns daraufhin, wenn wir unsere „stinkende undeutsche Gesinnung" nicht änderten, dass wir nicht hoffen sollten, hier jemals wieder lebendig herauszukommen. Seine Stimme leierte weiter und gab uns zu verstehen, dass dies gerade nur ein freundliches Vorprogramm auf unserem Weg, Disziplin zu lernen, war. Das gab mir zu denken: „Wenn unsere Einweisung (ins Lager) nur ein freundliches Vorprogramm vor der eigentlichen Hölle war, wie in Gottes Namen sah dann erst die Hölle aus?"

Ich kannte das Verhalten der Deutschen aus Jersey, dennoch konnte ich kaum glauben, was da gerade stattgefunden hatte – in weniger als einer Stunde hatte ich meine Fähigkeit, klare Gedanken zu fassen, komplett verloren. Dennoch hatte ich gelernt, den Schlägen, die zufällig und mit unglaublicher Brutalität verabreicht wurden, auszuweichen. Sämtliche Alarmglocken läuteten in mir, da sich diese Sadisten wie Scharführer Hans verhalten hatten, bei dem ich feststellen musste, dass er die Macht über mein Leben und meinen Tod hatte.

Wipf befahl uns, unsere Kleidung auszuziehen, und gab den verheirateten Männern die Anweisung, ihre Eheringe abzunehmen. Dies löste einige aufgebrachte Nörgeleien unter den Männern aus, die sich von ihren (Ehe-)Ringen trennen mussten, aber ihr Protest wurde sofort von Wipf zum Verstummen gebracht, der durch die Reihen lief und diejenigen schlug, die seinem Befehl nicht nachgekommen oder einfach nicht schnell genug waren, ihre Ringe abzustreifen. Damit nahmen sie die letzte Verbindung zu ihren Familien ab, und die Ehemänner waren völlig verzweifelt und enttäuscht. Es zerriss einem das Herz, mit anzusehen, wie ihnen Tränen die Wange herunterliefen, während sie mit einer schwermütigen Ergriffenheit seufzten. Ich fragte mich, was Sapper Hassall wohl getan hätte, aber ich glaubte mich daran zu erinnern, dass er keinen Ehering trug, obwohl meine Mutter ihren für den äußeren Schein anhatte. Ich dachte auch an den Häftling in Reinsfeld, der uns den Rat gegeben hatte, alle Wertgegenstände zu verstecken. Er hatte bestimmt schon diese Station des Kreuzweges durchlitten. Sobald wir gänzlich nackt waren, ging Wipf zu den ersten Gefangenen rüber und befahl ihnen, zum „Frisörsalon" (barber shop) zu gehen. Das Büro, vor dem wir standen, bestand aus einer halben Baracke; die andere Hälfte war die Quarantäne, die von einem sechs Fuß hohen Stacheldrahtzaun [24] umgeben war. Östlich der Quarantäne(-baracke) stand eine Reihe kleinerer Baracken und Hütten, zu denen wir geführt wurden, um unsere Haare schneiden zu lassen.

Ein paar Minuten später kamen beide Häftlinge vom Frisör zurückgelaufen. Ich fand es sehr merkwürdig, dass sich beide dazu entschlossen hatten, ihre ganzen Haare abschneiden zu lassen. Aber als das nächste Paar zurückkam und ebenfalls wie Schafe geschoren war, wusste ich, dass mein Haar wohl in der gleichen Art gestutzt werden würde, und meine Befürchtung sollte sich alsdann bewahrheiten. Ich kam gemeinsam mit Maurice zum Frisör, und dort trafen wir zwei Männer an, die gerade einen manuellen Schafscherer benutzten, während ein anderer eine schwingende elektrische Haarschneidemaschine bediente, die denen ähnelte, die die Australier zum Schafscheren benutzten. Die Tortur dauerte ungefähr eine Minute, und anschließend lagen meine langen, glatten Haare auf dem Boden neben dem feinen, kastanienbraunen Haar von Maurice. Als die Schafscherer fertig waren, schoren sie mit ihren elektrischen Haarschneidern über unsere Köpfe und trennten uns von unserem letzten Haarbüschel. Es war ein folgenschwerer Fehler gewesen, das Gesicht dabei zu verziehen, weil Wipf herübergerannt kam und mir die Nase mit seiner hammerartigen Faust, die der von Scharführer Hans ähnelte, zerschlug. Meine Nase war erneut gebrochen, und noch von Schmerzen benebelt, hörte ich Wipf fragen, was ich denn so komisch fände. Ich entgegnete, dass überhaupt nichts komisch war und ich mir bloß vor Schmerzen das Gesicht verzogen hatte, während meine Haare abrasiert wurden. Wipf betonte grinsend: „Du weißt nicht, was Schmerzen sind, aber das wirst du bald erfahren. Ich persönlich werde das sicherstellen!" Als die Köpfe geschoren waren, wurden wir angewiesen, in Fünfergruppen zu einem nahen Tisch zu gehen, auf den einige Nassrasierer und Wasserschalen gestellt worden waren. Entlang des Tisches stand: „Eine Laus, dein Tod!" Als wir an dem Tisch waren, befahl uns der Rottenführer, die komplette Körperbehaarung wegzurasieren. Es gab allerdings keine Rasierseife, nur eine sandähnliche braune Seife, welche nicht schäumte. Und als ich gerade meine Schamhaare rasiert hatte, rann Blut in kleinen Rinnsalen von meinen Oberschenkeln herunter. Es war unmöglich gewesen, sich nicht mit dem stumpfen Rasiermesser, das man uns aushändigte und das einem Sägeblatt ähnelte, zu schneiden, jedoch gewöhnte ich mich daran. Die bei uns stehenden grinsenden SS-Männer fanden es sehr amüsant, und sie lachten ausgelassen über unsere Unannehmlichkeiten.

Nachdem wir haarlos geworden waren, wurden wir von SS-Wachmännern begutachtet. Und sie waren erst dann zufrieden, wenn wir wie Weihnachtsgänse gerupft waren, und sie führten uns dann zu einer großen Blechtrommel, aus der ein starker Geruch von Desinfektionslösung wehte. Es roch wie das Desinfektionsmittel, das Großmutter benutzte, wenn sie den Fußboden schrubbte. Bei der Trommel händigte man uns kleinere Stücke aus Sacktuch aus und instruierte uns, den Körper mit dem grüngrauen Zeug aus dem Fass zu desinfizieren. Sobald ich meine Geschlechtsteile damit eingerieben hatte, bin ich fast an die Decke gegangen, und ein schneidender Schmerz von diesem extrem starken, ätzenden Mittel durchzog mich. Je mehr wir (vor Schmerzen) „tanzten", die Gesichter verzogen und vor Schmerzen schrien, desto lauter brüllten SS und Kapo vor Begeisterung – es war ihr Tag, und sie genossen die Vorstellung.

Nach dieser Tortur brachte man uns zu den Duschen, die von einem sehr jungen Häftling mit einer weißen Kapo-Armbinde überwacht wurden. Dieser junge Perverse behandelte uns mit kochend heißem Wasser oder drehte es eiskalt, und wie alle Kapos suchte er den Beifall seiner SS-Herren. Jene, die versuchten dem kochend heißen Wasser zu entkommen, wurden von der SS zurückgeprügelt, die befahl: „Schrubbt ihnen den französischen Dreck von ihrer Haut!" Dieser wahnsinnige SS-Mann ließ uns nicht eher aus der Dusche, bis er davon überzeugt war, dass kein „Franzosendreck" mehr an uns haftete. Wir wurden dann zum Revier geschickt, ein Gebäude auf der Südseite des Lagers, gegenüber dem (Rapport-) Büro. In dem Revier arbeiteten zwei französische Häftlingsärzte. Allerdings war die leitende Person SS-Oberscharführer Josef Brendel, ein plumper Koloss von einem Unmenschen, der, einen langen, dünnen Stock schwingend, auf einem Holzstuhl saß. Als wir vor den französischen Häftlingsärzten standen, fragte man uns nach Beschwerden, ansteckenden Krankheiten, Syphilis, Herzproblemen et cetera. Unsere Antworten wurden von einem Sekretär mitgeschrieben, der sich unsere Namen, Nummern und Antworten auf kleine Karteikärtchen schrieb. Nachdem dies vorüber war, wurden wir Brendel vorgeführt, der sehr erfreut darüber war, jeden von uns schlagen zu können, während er dreckige und sexuell anzügliche Bemerkungen über uns machte. Er brüllte bei beschnittenen Häftlingen und schlussfolgerte, dass sie „stinkende französische Juden" seien. Und als diese Beleidigungen vorüber waren, erhielten wir den Befehl, uns wieder an der vorherigen Stelle zu versammeln. Dort standen wir in einer Reihe, niedergeschlagen, unserer Würde beraubt, vollkommen zerstört und nach deutscher Sitte gründlich gerupft. Die SS und die Kapos lachten bei diesem Spektakel, was wirklich nur kranke Nazi-Hirne amüsant finden konnten.

Ein Kapo händigte jedem von uns ein großes Stück Einwickelpapier, ein Stück Schnur und einen braunen Briefumschlag für unsere „Wertsachen" aus. Wir wurden angewiesen, unsere Kleidung, ausgenommen Taschentücher und Toilettenartikel, zusammenzurollen. Alles, was ich in den Umschlag stecken konnte, waren mein Siegelring und eine OXO-Dose [25]. Die SS ließ mir nur übrig, was mir Mutter Natur mit auf die Welt gegeben hatte. Indessen gab mir die Tatsache, dass man unsere Kleidung zusammengepackt und beschriftet hatte, den Mut, die Hölle, in die wir hineingeraten waren, zu überleben.

Im Anschluss daran schickte man uns zur Bekleidungskammer des Lagers, wiederum begleitet von Schlägen, Tritten und satanischem Gebrüll. Drinnen händigte man uns Folgendes aus: eine Uniformjacke, Hose, Hosenträger, lange Unterwäsche, Hemd, Fußlumpen, eine Mütze und Holzpantinen. Anschließend trat uns der schwergewichtige Oberscharführer Johannes Schattner wieder nach draußen, der, so hatte es zumindest den Anschein, noch brutaler als Kapo Wipf war.

Schattner, der total besoffen war, schwang mit einem Hackenstiel und schlug damit auf uns ein, während wir auf unsere Häftlingskleidung warteten. Jedes Mal, wenn er einen von uns traf, brüllte er vor Lachen. Es war vorteilhaft für uns, dass sein Sehvermögen durch den Alkohol, nach dem er fürchterlich stank, beeinträchtigt war. Ein Funktionshäftling händigte mir eine schwarze Uniform aus, die allem Anschein nach früher einem polnischen oder jugoslawischen Soldaten gehört hatte. An der Jacke waren ca. 10-12 cm (4-inch) lange gelbe Streifen wie auf dem Rücken des Mantels und entlang der Hosenbeine angenäht. Die mir ausgehändigte Reithose war viel zu groß, allerdings hatte ich keine Möglichkeit erhalten, mir eine andere passende Größe herauszusuchen. Ich hatte Schwierigkeiten, die Lumpen an meinen Füßen zu behalten, weil sie einfach nicht in den Holzpantinen bleiben wollten. Diese hatten Holzsohlen und dünne Lederstreifen, die sie an unseren Füßen halten sollten. Und da sie keinen Absatz hatten, lösten sie sich ständig, während wir marschierten.

Ich schaute zu Pierrot Marionneau hinüber, ein ebenso zierlicher wie widerstandsfähiger Mann aus Mer an der Loire. Seine Hose war mindestens zwei Fuß (ca. 60 cm) zu lang und in der Taille mehr als doppelt so breit. Offensichtlich war sie für einen sechs Fuß (über 1,80 Meter) großen und dreihundert Pfund (ca. 130 kg) [27] schweren Mann angefertigt worden. Pierrot aber wog nur 120 Pfund (ca. 55 kg) und war 5,5 Fuß groß (ca. 1,67 m). Unerschrocken krempelte Pierrot einfach die Hosenbeine hoch und zog die Häftlingsklamotten an. Ich bemerkte ein leichtes Grinsen auf seinen Lippen, was mich zu der Schlussfolgerung brachte, dass er über einen ausgezeichneten Mut verfügte. Nachdem Pierrot angezogen war, musste er mit ausgebreiteten Beinen gehen, da die übergroße Hose mit dem ganzen Stoff zwischen seinen Beinen hing. Wenn dieses Szenario nicht so beängstigend gewesen wäre, da bin ich mir ziemlich sicher, hätten wir darüber sicherlich herzhaft gelacht, aber klugerweise unterließen wir das. Nachdem wir mit der „Hinzert-Mode" ausgestattet waren, wurden wir jeweils zu fünft in die Verwaltungsbaracke geschickt. Dort führte man uns zu Tischen, hinter denen luxemburgische Häftlinge saßen, die eifrig damit beschäftigt waren, Karteikarten mit unseren persönlichen Daten auszufüllen. Man befragte uns nach Geburtstag und Ort, Angehörigen, Heimatadresse, und dann bekamen wir unsere Häftlingsnummern. Meine lautete: 4374 oder „Dreiundvierzig vierundsiebzig", die Nummer von Maurice war 4372 oder „Dreiundvierzig zweiundsiebzig". Der luxemburgische Schreiber wies uns an, unsere Nummern zu lernen, da sie von jetzt an unsere offiziellen „Namen" sein würden. Jene, die Wertsachen abgegeben hatten, erhielten einen Beleg von einem Unterscharführer. Ich hatte keinen Beleg bekommen, da man meinen Ring offensichtlich nicht als besonders wertvoll erachtete.

Nachdem wir registriert worden waren, führte uns Kapo Wipf in die Quarantäne-Baracke und teilte uns mit, dass wir hier für die Dauer von ca. einer Woche zu bleiben hätten, damit „wir den Rest des Lagers nicht mit unserer Verdorbenheit infizieren würden." Die Quarantäne war in Stube 5, vor der wir noch kurz zuvor gestanden hatten, was uns wie eine Ewigkeit vorkam. Unsere neueste Unterkunft war mit Reihen von zweigeteilten Kojen ausgestattet, es gab einen Waschraum, an einem Ende und bei den Fenstern, gegenüber dem Appellplatz, standen drei Holztische und einige Holzbänke. Es war nahezu unmöglich, nach draußen zu sehen, da die Holzfensterläden von außen geschlossen worden waren. Als Wipf befahl, dass wir uns eine Schlafkoje aussuchen sollten, ergatterten Maurice und ich augenblicklich jeweils eine gegenüberliegende Koje am hinteren Ende.

Kurz darauf kamen ein paar Beauftragte und händigten jedem von uns ein raues Bettlaken, zwei Decken, Essgeschirr und einen großen, rotbraunen Essnapf für Suppe und Kaffee aus. Zusätzlich gab man uns ein Stück braune Seife, die wie ein Misthaufen stank. Ein französischer Scherzkeks witzelte, dass sie höchstwahrscheinlich aus geschmolzenem menschlichen Fett hergestellt war, und dem Gestank nach konnte er durchaus Recht haben. Kapo Wipf brüllte um Ruhe und fragte nach einem Freiwilligen, der „Stubenältester" werden wolle. Kaum ausgesprochen, drängte sich ein kräftiger Mann, in schwarzer Uniform gekleidet, durch unsere Reihen und meldete sich freiwillig für diesen Posten. Es war André Callaux, ein Franzose, der in gebrochenem Deutsch sagte: „Ich spreche Deutsch". Wipf lachte über Callaux´ Deutsch(-kenntnisse) und sagte ihm, er solle sein Maul halten und nicht damit prahlen, wie gut sein Deutsch wäre, denn das würde Ärger mit den SS-Männern bedeuten, die es gar nicht gerne sahen, wenn man ihre Sprache nicht oder nur gebrochen beherrsche. Dann sagte Wipf zu Callaux, dass er von nun an für unser Verhalten und die Sauberkeit der Stube verantwortlich sei. Er warnte ihn vor, dass er ihn höchstpersönlich verprügeln würde, sollte die Stube nicht sauber sein. Nachdem seine Instruktionen beendet waren, fischte Wipf in seiner Uniformtasche und gab Callaux ein weißes Armband, das seine Autorität als Stubenältester unterstrich – Callaux, ein Franzose, war nun Kapo.

Wipf wies Callaux an, dass es eine Inspektion und einen Zählappell jeden Morgen um 4.30 Uhr und jeden Abend um 6.00 und um 10.00 Uhr geben werde. Er befahl unserem neuen Kapo, dass wir uns gegenüber unseren Schlafkojen aufzustellen hätten, sobald die SS den Raum betreten würde. Er hätte ebenso die Anzahl der Männer in der Stube sowie derjenigen, die gerade fehlten, zu melden. Ein weiterer Kapo, der Wipf begleitet hatte, demonstrierte uns, wie wir unsere Betten zu machen hätten. Das Bettlaken hatte über die ziemlich unebene Strohmatratze aufgespannt zu sein, sodass keine Falten oder Furchen zu erkennen seien. Ebenso dürfe es keine runden Ecken geben, und das Laken müsse perfekt rechteckig aussehen. Wipf schien erleichtert, dass Callaux seine Instruktionen und Verantwortung als Stubenältester verstanden hatte, und verließ die Baracke. Ein erleichterndes Seufzen durchdrang den Raum, denn die letzten Stunden waren wahrlich traumatisch für uns. Wir waren total fertig und brachen über unseren ungemachten Betten regelrecht zusammen.

Maurice saß da und starrte mich an. Er zuckte nur mit seinen Schultern, als wolle er resignieren, und sagte: „Ich kann nicht glauben, was da gerade passiert, Peter. Ich weiß nicht, ob ich das aushalten werde."

Ich antwortete ihm: „Natürlich kannst du das, Maurice. Aber wir machen uns jetzt besser fertig, denn der Kommandant befahl dem Kapo, uns zu seinem Büro zu bringen, sobald wir uns eingerichtet hätten." „Warum will er uns sehen?", fragte Maurice.

Bevor ich ihm eine Antwort darauf geben konnte, rannte Callaux die Gangreihe herunter und brüllte uns an: „Wer gab euch beiden Roast-Beef-Fressern die Erlaubnis zu reden? Ich habe hier das Sagen. Es wird so lange nicht geredet, bis ich es euch sage, vor allem wenn ihr in verrottetem Englisch sprecht. Ich verstehe euch sowieso nicht, ihr großen dreckigen Engländer, ihr hättet besser Deutsch oder Französisch gelernt. Ich werde nie vergessen, wie ihr Engländer uns Franzosen im Stich lassen konntet und wie die Ratten davon gerannt seid. Ihr habt noch etwas gut bei mir!" Als Callaux seine Hasstiraden beendet hatte, trat er Maurice in die Leiste, riss dessen Faust weg und schlug mehrmals auf Maurice ein, bis zwei Franzosen und ich einschritten. Einer der Franzosen sagte zu Callaux, er solle gut auf sich achtgeben „...irgendwie und irgendwann, selbst wenn er so lange warten müsse, bis der Krieg zu Ende sei."

Der Bedrohte hörte auf zu prügeln, Callaux ließ von Maurice ab und murmelte etwas mürrisch: „Ich werde noch andere Möglichkeiten bekommen, dich zu kriegen, du dreckiger Engländer." Nachdem Callaux weg war, schnappte ich mir Maurice und ging mit ihm zum Waschraum, wo ich ihm das Blut aus dem Gesicht wusch. Einige jüngere Kameraden begleiteten uns und versprachen, Callaux bei der französischen Justizbehörde zu anzuzeigen, sobald der Krieg vorbei sei. Sie entschuldigten sich für seine (Miss-)Handlungen und versicherten uns sofort, dass Typen wie

Callaux eine Minderheit darstellen würden, und die meisten Franzosen würden darauf warten, dass Briten und Amerikaner kämen, um Frankreich zu befreien. Sie baten darum, nicht wie Callaux von uns beurteilt zu werden. Wir hatten gerade das Gesicht von Maurice gewaschen und unsere Betten gemacht, als Wipf plötzlich zur Stubenkontrolle erschien. Er schien äußerst unzufrieden und sprang in der Stube umher und riss beinahe alle Decken und Laken von unseren Schlafkojen. Er brüllte Unflätigkeiten, schrie so laut er nur konnte und holte bereits mit seinem Knüppel aus. Wipf befahl Callaux, zu ihm zu kommen, und geigte ihm gehörig die Meinung, und wir waren sehr erfreut, als er Callaux ins Gesicht schlug, sodass Blut aus seiner Nase herauslief. Er warnte Callaux, er „würde noch mehr davon bekommen, falls hier nicht alles blitzblank sauber wäre". Wipfs Geschrei war Musik in unseren Ohren. Irgendwie schafften es Maurice und ich, seinem Zorn zu entfliehen. Unsere Betten bestanden die Visite, oder er mied uns, weil wir Briten waren. Als er sich umdrehte, um zu gehen, befahl er Maurice und mir, unsere Mützen aufzusetzen und ihm in das Büro des Kommandanten zu folgen. Wipf ließ uns vor sich her rennen und entließ uns durch ein schmales Tor, links vom Haupttor aus dem (Schutzhaft-)Lager.

Sobald wir das Büro des Kommandanten erreicht hatten, wies uns Wipf an, außerhalb zu warten, unsere Mützen abzunehmen und strammzustehen. Wir brauchten keine zweite Aufforderung, dem nachzukommen! Ein paar Minuten später wurden wir in Sporrenbergs Büro gerufen. Der SS-Hauptsturmführer saß hinter einem kleinen Tisch, der riesige Deutsche Schäferhund lag zusammengerollt zu seinen Füßen. Glücklicherweise beachtete er uns nicht, wie wir vor seinem Herren strammstanden, der gerade auf eine kleine Europakarte zeigte. Kapo Wipf fragte mich auf Französisch, von welcher der Inseln wir kommen würden. Ich sagte ihm, dass wir aus Jersey kommen. Daraufhin fragte er uns, weshalb wir verhaftet worden waren, und ich erzählte ihm von unserem gescheiterten Fluchtversuch mit dem Fischerboot und von dem Desaster auf unserem Weg nach England. Sporrenberg wollte wissen, ob wir gegen deutsche Befehle handelten, als wir Jersey verlassen wollten, und ich bestätigte das. Er wollte wissen, ob Maurice dabei gewesen sei, und ich versicherte ihm, dass Maurice bei uns war, und erzählte ihm von unserem jungen Kameraden, der bei dem Fluchtversuch ertrank.

Sporrenberg starrte mich für ein paar Sekunden an und sagte: „Du bist 15 und Gould ist 18. Ist das nicht ein bisschen jung, um in solche Terrorakte verstrickt zu sein?" „Ja, Sir", antwortete ich, während ich mich reumütig zeigte, „aber es lag nicht in unserer Absicht, eine Straftat zu begehen. Ich wollte nur weiterhin zur Schule gehen." Zur Sicherheit fügte ich hinzu: „Meine Schule wurde geschlossen, und die meisten Lehrer waren nach Belgien zurückgeschickt worden. Mein Freund hier wollte lediglich zurück nach Hause, nach England."

„Ihr verdient, was ihr jetzt bekommt, und nebenbei bemerkt, da ich noch nie Engländer in meinem Lager bis dato gehabt habe, rief ich die Gestapo in Trier an, um herauszufinden, ob ihr vielleicht nur versehentlich hierher gekommen seid, jedoch wurde mir dort versichert, dass es sich um keinen Irrtum handele und dass man euch genauso behandeln solle wie jeden anderen Gefangenen hier. Unter diesen Umständen schlage ich vor, dass ihr wieder zurück ins Lager geht, hart arbeitet, euch aus allem heraushaltet. Und vor allem du, Churchill!", er starrte dabei auf Maurice, „lerne so schnell wie möglich Deutsch!" Nachdem ich seine Worte ins Englische übersetzt hatte, blickte Sporrenberg zu Maurice und sagte mit einem leichten Lächeln auf seinen Lippen, „OK, Churchill! Lerne Deutsch und du wirst hier besser zurechtkommen!" Maurice gab keine Antwort.

Auf dem Weg zurück zur Quarantäne-Baracke bemerkte Wipf, dass wir uns glücklich schätzen sollten, denn die meisten Häftlinge kämen nicht unverletzt aus dem Büro des Kommandanten. Er fügte hinzu, dass unsere Flucht von Jersey töricht gewesen sei, denn es könne uns unser Leben kosten. Und für den Bruchteil einer Sekunde spürte ich einen leisen Hauch von Mitgefühl in seiner Stimme.

Zurück in der Baracke, kam Callaux auf uns zugerannt und packte mich. Ich aber drückte seinen Arm zur Seite, schnappte mir seine Finger und bog sie nach hinten. Ich blickte ihn zornig an, als er versuchte sich loszureißen, aber es schien, als ob ich über außerordentliche Kräfte verfügte, und ich ließ ihn nicht eher los, bis er vor Schmerzen schrie. Nachdem er aufgehört hatte, seine Finger zu reiben, wollte er wissen, was im Büro des Kommandanten passiert war. Ich erzählte ihm, dass man uns gesagt hatte, wir sollten äußerst vorsichtig sein und unsere Klappe halten, und dass ich ihm nichts erzählen könne. Callaux gab bei diesem Streit nicht klein bei. Im Gegenteil, er starrte auf Maurice und erinnerte ihn erneut daran, dass „irgendwann die Zeit kommen würde, sich um ihn zu kümmern."

Wir plumpsten auf unsere Betten und starrten uns an. Wir waren total sprachlos. Ein wenig später kamen zwei junge Kameraden zu uns herüber und wollten wissen, was denn passiert sei, und wir erzählten ihnen leise, dass wir in Sporrenbergs Büro gewesen waren. Später hörte ich einem älteren Kameraden zu, als dieser durch ein Loch im Holzladen sah. Dieser bemerkte, dass sich mehrere Hunderte Häftlinge auf dem Appellplatz versammelten. Durch die Klappläden hörten wir lautes, kehliges Gebrüll und Schmerzensschreie – nichts, aber auch gar nichts konnte diese schrecklichen Geräusche davon abhalten, ins Innere unserer Baracke, die nur aus dünnen Holzwänden bestand, zu kommen. Der Beobachter bemerkte: „Es scheint, dass das auf uns zukommt, wenn wir diesen Ort [28] verlassen." Maurice und ich waren zu sehr traumatisiert, uns dieses Spektakel anzusehen. Es war ein beschwerlicher und unglaublich brutaler Tag für jeden von uns gewesen, und in der relativ ruhigen Quarantäne-Baracke wollte lauthals jemand wissen, ob wir etwas zu essen bekommen würden. Es war ein langer Tag gewesen, und meine Gedanken waren benebelt, aber Maurice war in einem weitaus schlimmeren Zustand, weil er absolut keine Ahnung hatte, was um ihn herum passierte, solange ich es nicht für ihn übersetzte. Wir fragten uns, ob alle früheren Transporte in einer ähnlichen Art und Weise behandelt worden oder ob wir nur eine Ausnahme waren. Wir sprachen über die (unglaubliche) Brutalität, die wir gerade erleben mussten, und fragten uns, ob die SS beabsichtigte, uns allesamt ohne Gerichtsverfahren zu töten. So viele Fragen - so viele Befürchtungen und Ängste. Ein älterer Häftling, der von den Deutschen im Mai 1940 verhaftet worden war, sagte: „Das ist die deutsche Art! Teutonische Wut! Die sind allesamt so! Sie kennen es nicht anders! Sie werden schon so großgezogen!"

Wir spekulierten über die Häftlingszusammensetzung des Lagers, wussten nun aber, dass Luxemburger und Franzosen unter ihnen waren. Einige von uns wollten wissen, ob man uns erlauben würde, nach Hause zu schreiben. Würde es Pakete des Roten Kreuzes geben? Würde man uns vor ein Gericht bringen [29]? Wir waren wirklich in Nacht und Nebel (gefangen).

Kleine Gruppen von Kameraden kamen bei den Tischen zusammen, wo sie sehr schnell wieder der Haftalltag einholen sollte, denn ihre Unterredungen wurden vielmals von Callaux unterbrochen, der immer wieder versuchte seinen Autoritätsanspruch zu untermauern: „Ruhe!", brüllte er von Zeit zu Zeit. Jedenfalls schenkten wir ihm keine Beachtung, es sei denn, man erinnerte ihn daran, dass er „geliefert ist, sobald der Krieg vorbei wäre." Diese Bemerkungen machten Callaux unglaublich wütend, aber er wusste offenkundig genug und verhielt sich ruhig.

Ich fragte einen jungen Kameraden nach Callaux, und mir wurde erzählt, dass er in der französischen Armee und Kriegsgefangener gewesen war. Er war aus dem Dienst entlassen worden, und man schickte ihn nach Hause ins Département Pas-de-Calais. Einige Zeit später wurde er von Polizisten der Vichy-Regierung aufgegriffen, während er versuchte, vom besetzten Frankreich in den durch die franz. Vichy-Regierung verwalteten Teil zu fliehen. Kein Mensch wusste, weshalb er überhaupt dorthin wollte. Die Vichy-Polizei händigte ihn wieder den Deutschen aus, die ihn zuerst ins Gefängnis steckten und dann deportierten, da er im Besitz einer (Schrot-)Flinte war. Ein anderer Kamerad berichtete von einem Vorfall im Gefängnis La Santé. Callaux hatte dort vorgegaukelt, ein bekannter Kopf der französischen Résistance zu sein, aber seine Prahlerei flog auf, als er tatsächlich einigen Widerstandskämpfern gegenüberstand, von denen er behauptet hatte, mit ihnen gekämpft zu haben. Wieder ein anderer sagte, er (Callaux) habe im Gefängnis von La Santé die Stiefel der Nazis (ab-)geleckt, genauso wie er es jetzt macht. Diese Berichte waren nicht besonders tröstlich, angesichts der Blutergüsse im Gesicht von Maurice und Callaux' Versprechungen von späterer Vergeltung. Nachdem das Geschreie auf dem Appellplatz zu Ende war, kam Wipf wieder in die Stube herein, gefolgt von zwei Männern, die einen Suppentopf aus Aluminium hereintrugen. Wir bekamen etwa einen dreiviertel Liter von diesem faulen, stinkenden Zeug, das hauptsächlich aus kleinen Rübenstückchen bestand, mit noch viel kleineren Stücken Kartoffeln. Falls dort überhaupt Fleisch darin enthalten war, konnte man es nicht sehen. Das war also unser „Abendessen", und es war nicht mal heiß! Maurice und ich saßen an einem Tisch und mussten uns selbst zwingen, dieses Zeug zu essen. Als ich zu Maurice hinüberblickte, war es beinahe unmöglich zu übersehen, dass sich sein Gesicht seit dem Tag unserer Verhaftung, dramatisch verändert hatte. Seine Wangenknochen traten hervor, und er hatte enorm an Gewicht verloren; mindestens 30 Pfund in den letzten sechs Wochen (ca. 13,5 kg). Sein großer Körper hatte bereits sein ganzes (Körper-)fett, das er früher einmal hatte, verbraucht und er war jetzt gerade dabei, die Proteine zu verbrennen – der letzte Akt des Verhungerns vor dem Ausfall der Hauptorgane hatte begonnen. Es war kein Arzt nötig, um zu erkennen, dass es mit Maurice rapide bergab ging. Darüber hinaus war ich über sein ständiges Kopfschütteln sehr besorgt, als ob er einen inneren Kampf mit sich austragen würde. Ich gab Maurice meinen Suppentopf und fragte: „Möchtest du etwas, Maurice? Ich bin nicht wirklich hungrig."

Ich war geschockt, als er mir antwortete, „Iss es! Du wirst es noch brauchen. Einer von uns muss überleben, also iss deine Suppe!" Ich aß meine Suppe ganz in Ruhe, fragte mich aber gleichzeitig, weshalb Maurice das Thema des Überlebens wieder aufgegriffen hatte.

Um 8.00 Uhr morgens kam Wipf zurück. Wir mussten uns in Reih und Glied aufstellen und durchliefen eine Serie von „Mützen ab! Mützen auf!" Jene, die dabei zu langsam waren, erhielten direkt einen Schlag ins Gesicht. Dieser Sadist genoss es ganz offensichtlich, völlig hilflose Häftlinge, die sich nicht wehren konnten, zu verletzen. Wipf erinnerte uns daran, dass wir nicht vor der letzten Stubenkontrolle um 22.00 Uhr ins

Bett gehen dürften, da aber so gut wie kein Platz zum Sitzen in der Stube vorhanden war, war dies eine weitere Hiobsbotschaft für uns.

Um 21.00 Uhr befahl Callaux, uns bis auf das Hemd auszuziehen und uns neben unsere Betten zu stellen. Als Nächstes inspizierte er unsere Betten und die zusammengefaltete Kleidung. Punkt 22.00 Uhr flog die Tür auf, und Rottenführer Anton „Toni" Pammer platzte herein. Callaux scheiterte kläglich bei dem Versuch, Pammer auf Deutsch zu erklären, dass alle anwesend und gezählt wären. Sein gebrochenes Deutsch brachte Pammer in Rage, der ihn ordentlich zusammenstauchte „Achtung! Abzählen". Im Folgenden rannte Pammer die Reihe auf und ab und schlug jeden mehrfach, der ihm in die Quere kam, falls dieser keine vollständige Meldung machte. Erfreulicherweise standen wir in der letzten Reihe und entkamen damit Pammers Schlägen.

Vollkommen erschöpft hörte Pammer auf, uns weiterhin zu tyrannisieren. Er hatte uns vorgewarnt, dass wir unsere Häftlingsnummern bis zum nächsten Tag auf Deutsch beherrschen müssten, und daher begann ich in der nächste halben Stunde mit Maurice solange zu üben, bis er seine Nummer auf Deutsch auswendig aufsagen konnte. Endlich war es Zeit zu schlafen. Ich tastete nach der Hand von Maurice, und als ich sie fand, ergriff er meine sanft und sagte in der Dunkelheit der Quarantäne-Baracke des SS-Sonderlagers Hinzert leise zu mir „Gute Nacht, Peter, versuch zu schlafen!" Sofort entschlummerte ich in eine bessere Welt – eine Welt mit Sonnenschein, Baden und Schinken mit Rührei.

Bedauerlicherweise hatte unser Schlaf nicht lange gedauert, weil Kapo Wipf aus Gründen, die wohl nur er selbst kannte, dreimal in dieser Nacht in unsere Stube kam. Aus schierer Freude, seine Nase in alles stecken zu müssen, riss er manche aus ihren Betten und schlug auf andere ein. Als er die Stube verließ, kippte er obendrein einen Eimer Wasser in die Betten, die sich nahe dem Waschraum (der Stube) befanden, und als neu hinzugefügte Schikane trat er einen Eimer Sand um. Wir fragten uns, ob diese Bestie jemals schlafen würde.

b) Lager und Lagerpersonal
Ich hatte kaum meine Augen geschlossen, als die Tür aufgerissen und ich von schrillen Pfeiftönen und Gebrüll in die reale Welt zurückgeholt wurde. Sekunden später kam Wipf hereingestürmt und begann damit, die Matratzenbezüge von unseren Betten herunterzureißen, dabei trat er auf jene ein, die nicht schnell genug waren. Er brüllte Callaux an, denn er hatte gesehen, dass einige Häftlinge noch ihre Unterhosen anhatten, was strikt verboten war. Callaux zeigte uns jetzt, als sein Mentor in der Stube war, seine kämpferischen Fähigkeiten, indem er die Häftlinge aus ihren Betten zog. Jedoch pickte sich dieser Feigling dafür nur die Alten und Schwachen heraus. Wipfs Ausdrucksweise war widerwärtig, und Callaux versuchte ihn nachzuäffen. Sonntag, der 14. Juni (1942) war ganz offensichtlich kein Erholungstag.

Sobald Wipf damit zufrieden war, dass wir alle anwesend waren, verließ er kurz die Stube und kam wenige Minuten später mit Pammer wieder zurück, und die beiden waren noch nicht mal richtig in der Stube, als Pammer beschloss, einen (Zähl-)Appell abzuhalten: „Achtung! Abzählen!" Ich weiß nicht, wie die Kameraden es geschafft hatten, aber irgendwie gelang es ihnen, wenn auch nur in Ansätzen, in einer für sie fremden Sprache bis 26 zu zählen. Nur ein totaler Schwachkopf hätte nicht gesehen, dass 52 von uns anwesend waren, allerdings benötigte Pammer dafür drei Versuche, bis er letztendlich zufrieden war.

Nach dem Zählappell brüllte Pammer: „Geht euch waschen, ihr französischen Schweine! Werdet endlich euren Gestank los! Ich halte es hier drinnen nicht mehr länger aus!" Er befahl Wipf, die Fensterläden zu öffnen, um frische Luft hineinzulassen, warnte aber Callaux, dass wir nicht durch die Fenster sehen dürften. Dieser feige Verräter stand starr in Hab-Acht-Stellung und brüllte sich die Lunge aus dem Leib, „Jawohl, Herr Rottenführer"! Wenn die Situation nicht so todernst gewesen wäre, hätten wir ganz bestimmt über Callaux´ Art, die Stiefel seiner (Herren-)Menschen zu lecken, herzhaft gelacht. Als uns Pammer entließ, gab es einen wilden Ansturm, denn wir alle versuchten uns gleichzeitig in den kleinen Waschraum zu drängen. Auf jene, die nicht schnell genug vom Fleck kamen, droschen Wipf und Callaux ein, allerdings schafften wir es letzten Endes, uns unseren Weg dorthin zu bahnen. Dort wuschen und rasierten wir uns, völlig egal, welche Wasch- und Rasierutensilien wir noch übrig hatten, und diejenigen, die keine Toilettenartikel hatten, liehen sich welche aus, denn wir wurden gewarnt, dass man nicht unrasiert sein durfte. Ich nahm den Nassrasierer von Maurice und versuchte mein Gesicht mit dieser übel riechenden braunen Seife einzuseifen – sie schäumte aber nicht, doch mein spärlicher Bartwuchs benötigte im Grunde genommen gar keinen Schaum. Nachdem ich mich rasiert hatte, zog ich mich nackt aus und wusch mir mit dem Schwamm das geronnene Blut ab, die Achselhöhlen und meine Geschlechtsteile. Maurice schaute zu mir herüber und half mir dabei. Ich half ihm ebenso, und nachdem wir zufrieden waren, dass wir uns keine Infektionen eingefangen hatten, zogen wir uns an. Die Holzfensterläden wurden geöffnet, und draußen im Suchscheinwerferlicht des Lagers sahen wir etwa 400 Häftlinge, alle mit nacktem Oberkörper, die in einem vorgegebenen Rhythmus auf und ab springen mussten; es war Übungszeit nach Hinzerter Art. Der ungewöhnliche Takt der Trommel von 4.30 bis 5.00 Uhr in der Frühe war schon quälend genug, aber es waren die vom Schmerz geplagten Schreie, die einem durch Mark und Bein gingen. Dieses seltsame Schauspiel wurde von vier Häftlingen geleitet, welche schwarze Laufhosen und weiße Unterhemden trugen. Einer schlug auf eine kleine Ledertrommel und versuchte so gut wie möglich wie der Trommler der Berliner Philharmonie zu klingen, während die drei Übrigen vormachten, welche Bewegungen sie von den vor ihnen Versammelten erwarteten. Es war noch nicht richtig hell, und das dadurch sichtbare Schreckensgespenst vor uns, bestehend aus etwa vierhundert angeleuchteten und abgemagerten Männern, tanzte im Rhythmus einer Nazi-Trommel. Was für ein düsteres und zugleich makaberes Schauspiel!

Noch schlimmer war das Geräusch von achthundert schlecht passenden Holzpantinen, die sich anhörten, als wären tausend Flamenco-Tänzer aus dem Takt gekommen. Die herumtanzenden menschlichen Skelette waren von Knüppel schwingenden SS-Männern und Kapos, welche die Nachtschicht bildeten, umgeben. Diese stürzten sich gelegentlich in die

Reihen (der Häftlinge), um einige „Straftäter" zu verprügeln, die gerade ihre Holzschuhe verloren hatten, während die Schmerzensschreie danach durch das Lager hallten. Dieser Anblick ließ mir einen Schauer den Rücken herunterlaufen, weil ich wusste, dass es nicht lange dauern würde, bis wir uns der Gruppe anschließen und der gleichen Boshaftigkeit ausgeliefert sein würden. Ich fragte mich ebenso, wie lange es wohl dauern würde, bis wir so ausgezehrt wären wie sie. Wir befanden uns bereits auf dem besten Weg dorthin, aber einige von ihnen sahen so unbeschreiblich (schlecht) aus, und es hatte den Anschein, dass sie eher in eine Vitrine für Medizinstudenten gehört hätten.

Die Mehrheit der auf dem Appellplatz versammelten Häftlinge war extrem ausgemergelt, aber in unregelmäßigen Abständen befanden sich noch ein oder zwei robustere Männer unter ihnen. Wir fanden alsbald heraus, dass die weniger Ausgezehrten Neuankömmlinge sein mussten, die bislang noch nicht auf die Hinzert-Größe heruntergehungert waren. Die Mitleid erregenden, völlig ausgezehrten Kreaturen gaben ihr Bestes, um mit den Schlägen der Trommel mithalten zu können, während sie versuchten, die Bewegungen des Ausbilders nachzuahmen. Dennoch, nach etwa 15 Minuten dieses Kräfte zehrenden Drills, waren die meisten von ihnen völlig am Ende. Entweder kollabierten sie oder standen da und hechelten nach Luft, die Augen geradeaus gerichtet und mit offenen Mündern, aus denen ihnen der Speichel floss. Diese Unglücklichen wurden von Kapos verprügelt, die sie zu Boden streckten, und als die wohlgenährten Kapos auf die am Boden liegenden Lumpenbündel eindroschen, sahen sie zu ihren SS-Mentoren herüber, um so Zeichen von Anerkennung zu erhaschen.

Ihre grausamen Gesichtszüge spiegelten ihre Freude wider und – da habe ich keinen Zweifel – ihre Gedanken kreisten um eine zusätzliche Essensration, die ihnen ihre Stellung einbrachte. Jemand am Fenster schlussfolgerte, dass die Kapos Deutsche sein mussten, „denn kein Franzose würde einen Kameraden schlagen." Diese Bemerkung verärgerte mich, und ich ging zu ihm rüber, zeigte auf Callaux und fragte freundlich „Ist das ein Franzose?" Der Mann gab mir keine Antwort, hatte aber wenigstens noch so viel Anstand, dabei rot anzulaufen. Ein anderer war beleidigt und erinnerte mich daran, dass britische Soldaten auf die Hände von französischen Soldaten eingedroschen und sie ins Wasser zurückgedrückt hätten, als diese versuchten, (Evakuierungs-)Boote in [30] Dünkirchen zu erreichen. Ich wollte wissen, ob jemand von ihnen in Dünkirchen dabei gewesen sei, aber keiner war dort gewesen. Gleichzeitig beruhigte ich diejenigen, die mir zuhörten, dass auch ich nicht in Dünkirchen gewesen war, und bat sie, in Zukunft nicht uns (Briten, Anm. des Übers.) die Schuld für die Missgeschicke in Dünkirchen zu geben. Ich packte die Gelegenheit beim Schopf, um sie über die Gefahren von Callaux' Lügenmärchen aufzuklären, da dieser antibritische Gefühle schüre, oder spürte, dass Maurice zu sehr Gentleman war, um zurückzuschlagen. Es gab ein paar beschämte Gesichter, aber ich glaube, wir hatten an diesem Sonntag nicht viele Freunde hinzugewonnen.

Der „Frühsport" dauert etwas weniger als dreißig Minuten, danach wurde den Häftlingen befohlen, strammzustehen, um sie unmittelbar danach im Laufschritt zu ihren Baracken zu entlassen. Ein geordnetes Wegtreten war unmöglich, da Kapos und SS, einschließlich Wipf, bereits auf sie warteten, als sie zu ihren Baracken rannten. Diese Sadisten waren nahezu überall, und mit neu angefachtem Elan stürzten sie sich auf die umherrennenden Häftlinge, deren (Schmerzens-)Schreie man bestimmt bis in den Ort Hinzert [31] gehört haben muss. Diese Grausamkeiten dauerten so lange, bis auch der letzte Häftling seine Baracke erreicht hatte. Es war nicht besonders schwer, Wipf zu folgen, da sein (Legionärs-)Käppi und sein Knüppel herausstachen, immer dort, wo am meisten los war. Wir schauten so lange zu, bis der letzte Häftling in seine Baracke rannte. Wir standen da, starrten uns gegenseitig an und zuckten in hilfloser Unterwürfigkeit mit den Schultern. Anschließend herrschte Stille in unserer Baracke, die so lange nicht unterbrochen wurde, bis Wipf zusammen mit drei anderen Häftlingen in die Baracke kam und einige Laibe Brot und einen übel riechenden Ersatz-Kaffee mitbrachte. Wipf befahl Callaux, die Margarine und das Brot in zweiundfünfzig Portionen aufzuteilen. Die Luxemburger, die uns den „Kaffee" austeilten, erinnerten uns daran, dass wir bis zum nächsten Morgen kein Brot mehr bekommen sollten.

Mit Adleraugen sahen wir zu, wie Callaux jeden Laib Brot in acht Portionen zerkleinerte und jedem Mann eine Scheibe Brot gab, die etwas weniger als fünf Zentimeter (two inches) dick war. Es blieb fast ein ganzer Laib Brot übrig, aber anstatt diesen zu verteilen, behielt ihn dieser Verräter für sich selbst. Sein Kumpan, ein anderer Franzose, der die Margarine in kleine Teile schnitt, stellte ebenfalls sicher, dass größere Portionen für ihn und Callaux übrig blieben. Dieser offensichtliche Diebstahl verursachte einiges Murren, und einige der mutigeren Häftlinge verlangten, man solle die Reste unter den Häftlingen verteilen, da es ihre Rationen seien. Callaux sah, während er aß, noch nicht einmal hoch und sagte dem Mann, er solle besser sein Maul halten. Dennoch steckte dieser nicht zurück und sagte: „Der Krieg wird nicht ewig dauern, Callaux! Vergiss das niemals!" Der französische Kapo schnauzte ihn an: „Lass mich in Ruhe! Hau ab! Ich esse gerade!" Nachdem Callaux mit dem Essen fertig war, rief er diesen „Nörgler" zu sich herüber und versicherte ihm, dass er sich einen Dreck darum scheren würde, was dieser ihm zu sagen hätte, und die Angst nach Vergeltung in der Zeit nach dem Krieg würde sowieso nie aufkommen, denn die Alliierten würden den Krieg verlieren.

Während ich zuhörte und für Maurice übersetzte, waren wir zutiefst darüber schockiert, dass solche Menschen überhaupt existierten. Wir wussten, dass viele Leute - meine Eltern mit eingeschlossen - mit den Deutschen auf Jersey handelten, aber wir stellten Schwarzhandel nicht auf eine Ebene mit Kollaboration. Callaux verkörperte den wahren Verräter und Kollaborateur, und soweit wir wussten, gab es keine Personen seines Schlages auf der Insel. Ich zerschnitt mein Brot in zwei Hälften, schmierte Margarine drauf und verschlang anschließend beide Stücke. Maurice schüttelte nur den Kopf über mich, denn er schnitt sein Brot vorsichtig in drei Scheiben, zerteilte die Margarine ebenfalls in drei Teile und bestrich jede Scheibe damit. Als er damit fertig war, aß er nur eine Scheibe, dann wickelte er vorsichtig die beiden anderen in sein Taschentuch, das er anschließend in die Hosentasche steckte. Ich fühlte mich erneut wie ein Vielfraß und beschloss, Teile meiner Brotrationen für den nächsten Tag aufzubewahren. Was mich wiederholt verwunderte, war das Angebot von Maurice, mir die Hälfte seines Brotes an diesem Abend zu geben, doch ich lehnte dies ab. Und es war mehr als offensichtlich, dass sein Bedarf an Brot größer war als meiner. Am Vormittag brach erneut Tumult auf dem Appellplatz aus – der Läuseappell war gerade im Gange! Holzschemel wurden vor dem Revier aufgestellt, wo sich nackte Häftlinge aufreihten und sich daraufstellen mussten, um untersucht zu werden. Ich sah Brendel, auf einem Holzstuhl sitzend, wie er Häftlinge unter den Armen und den Geschlechtsteilen mit einem zwei Fuß langen Stock (ca. 60 cm) kontrollierte, und, nachdem er davon überzeugt war, dass er keine Laus finden konnte, mussten sich die Häftlinge umdrehen und ihm und zwei Kapos ihren Hintern präsentieren – es war ein entwürdigender und erniedrigender Anblick.

Die französischen (Häftlings-)Ärzte [32] waren nicht anwesend, allerdings wurde der „Läuseappell", genau wie alles Exerzieren in Hinzert, durch das Gebrüll von SS und Kapos verschärft, denn sie eskortierten die nackten Häftlinge auf ihrem Weg von den Baracken zum Revier. Dort mussten die wartenden Männer erschöpfende Übungen machen, bis sie an der Reihe waren, sich auf die Holzschemel zu stellen. In Hinzert gab es nie Ruhe, nicht einmal am Sonntag.

Gegen Mittag kam Wipf zusammen mit zwei Luxemburgern und einem großen Kessel mit Suppe zu uns. Und wieder bestand diese aus 90% Wasser, roch wie bittere Soße und schmeckte wie Spülwasser, in dem man gerade Geschirr gewaschen hatte. Wir hatten nicht genügend Sitzmöglichkeiten für alle, und so saß ich auf dem Boden und aß meine erste KZ-Sonntagsmahlzeit. Unser einziger Lichtblick war, dass es momentan relativ ruhig im Lager war. Selbst die SS, so hatte es den Anschein, nahm sich eine Auszeit. Wir saßen da und redeten leise bis etwa 6.00 Uhr pm (18.00 Uhr), bis Wipf mit der Abendsuppe eintraf. Jedem von uns schenkte man einen dreiviertel Liter gelblichen Wassers ein, in das Rübenschnitzel und Kartoffeln hineingeworfen worden waren. Weder Fleisch war darin zu erkennen noch schwamm irgendwie Fett auf der Oberfläche. Sie war salzlos, und mein Napf enthielt lediglich drei Gabelspitzen aus zerstampften Rüben oder Kartoffeln. Genauso schmeckte die Brühe auch, nämlich salzlos mit zerkochten Kartoffeln und Rüben. Letztere, obwohl kaum vorhanden, waren hart wie Holz. Ich hätte mit diesem Gebräu noch nicht einmal ein Schwein gefüttert! Später am Abend durchliefen wir wieder das gleiche Ritual, indem wir unsere Kleidung bis auf unsere Oberhemden auszogen und auf Wipf und die wachhabende SS warteten, um gezählt zu werden. Dummerweise war es mal wieder Pammer, und er war wiederholt in seiner gewohnt aggressiven Stimmung. Der SS-Rottenführer brüllte und schlug jeden, der sich in seiner Reichweite befand, und schien erst dann zufrieden, als wir alle vollzählig waren, während er beim Verlassen der Baracke Obszönitäten gegenüber den Franzosen vor sich hin brummelte. Wir genossen die hinterher entstandene Ruhe, aber wir wussten ganz genau, dass diese durch die spontanen Streifzüge Wipfs durch die Baracken jäh unterbrochen werden könnte. Jetzt war es an der Zeit, sich an Gott zu wenden, und ich betete, dass Wipf uns nicht aufsuchen würde. Es war ein ungewöhnlicher Sonntag gewesen, und als wir uns auf unsere Betten legten, fragte mich Maurice, wie viele solcher Sonntage nötig wären, um Hinzert zu überleben. Ich hatte keine Antwort parat, erinnerte ihn aber daran, dass die Quarantäne eine vergleichsweise „leichte" Phase wäre und dass uns dass Schlimmste wohl noch bevorstünde. Ich fragte ihn auch über seinen langsam verfallenden Willen zum Überleben und warnte ihn, dass wir zusammenhalten und unseren Kampfgeist aufrechterhalten müssten, nichts anderes zähle. Sein langes gutgelauntes Gesicht wich einem Grinsen, und er streckte seinen Arm nach mir aus, um mich zu umarmen. „Es tut mir leid, Peter. Ich will nicht, dass du dir Sorgen machst, aber irgendetwas sagt mir, dass ich es nicht schaffen werde."

„Maurice, ich will das nie wieder hören. Wir schaffen das, wenn wir zusammenhalten. Hör auf mit diesem Unsinn! Lass uns über etwas anderes reden!"

Anschließend schwelgten wir in Erinnerungen über Jersey und unsere Eltern. Ich kannte Maurice noch nicht so gut, aber früher hatte er einmal erzählt, dass er ein Waise war und dass seine einzigen Verwandten sein Großvater Pop Trueblood und eine weibliche Cousine namens Sheila seien. Während wir sprachen, fragte ein Franzose nach der Besatzung von Jersey. Ich erzählte ihm alles, was ich wusste, und im Gegenzug schilderte er mir die deutsche Besatzung aus französischer Sicht und das Elend Frankreichs unter den Besatzern. Derweil übersetzte ich für Maurice, und wir stimmten beide darin überein, dass unsere Okkupation (in Jersey) wohl glimpflicher verlaufen war als die in Frankreich. Als unser Schwätzchen beendet war, sagte ich Maurice: „Gute Nacht" und entschlummerte dann in eine bessere Welt. Mein Gebet wurde erhört, denn Wipf kam in dieser Nacht nicht in unsere Baracke.

Am nächsten Morgen brach auf dem mit Schieferbruchsteinen ausgelegten Appellplatz die Hölle los. Halbangezogene Häftlinge strömten mit Hilfe von Knüppel schwingenden SS und Kapos aus den Baracken. Wir sahen, wie Gefangene über die Lattenroste zwischen den Baracken rannten, während SS und Kapos Spalier standen und nach jedem schlugen, den sie erwischten. Es war ein furchtbarer Spießrutenlauf der Grausamkeiten. Wir hatten keine Ahnung, wie spät es war, aber es muss wohl so zwischen 4.30 und 5.00 Uhr morgens gewesen sein. Sobald die Häftlinge versammelt waren, unterwarf man sie einem fünfzehnminütigen Frühsport. Im Anschluss daran wurden Häftlinge in der gleichen Art und Weise, in der sie herauskamen – zwischen Reihen von Knüppel schwingenden SS und Kapos – ,in ihre Baracken zurückgeprügelt.

Eine Stunde später begann die ganze Schreierei wieder von vorne. Es war Montag, der 15. Juni, der Beginn einer neuen Arbeitswoche. Wir beobachteten alles aus dem Schatten heraus und sahen, dass es beinahe 30 Minuten dauerte, bis ca. 400 Häftlinge in Fünferreihen angetreten waren.

Wie Magnete zog es uns zu den Fenstern, wo wir die komplette Generalprobe sahen, die uns wahrscheinlich helfen würde, wie wir uns selbst verhalten sollten, für den Fall, dass wir an der gleichen Stelle wären. Das Zusehen war ungemein wichtig, denn wir mussten noch viel lernen. Sobald auf dem Appellplatz Ruhe herrschte, bezogen die SS-Männer ihre Positionen vor den Häftlingen. Dann wurden wir Zeuge eines anderen Rituals: „Stube eins, abzählen!" Dies veranlasste die linke Häftlingsgruppe dazu, ihre jeweilige Position in ihrer Reihe auf Deutsch laut

„Alles im Laufschritt". Linolschnitt des ehemaligen luxemburgischen Hinzert-Häftlings Albert Kaiser, Quelle: NS-Dokumentationszentrum Rheinland-Pfalz

herausschreien zu müssen. Das Zählen dauerte so lange, bis die Stuben 2,3,4,5,6,7,8,9 geantwortet hatten. Die Häftlinge waren steif wie Bretter, während die SS-Unterscharführer, die für die Stuben und Blöcke verantwortlich waren, eiligst zu dem Rapportführer schritten, wo sie ihm die Anzahl der Häftlinge in jeder Baracke meldeten. Nachdem er die Meldungen entgegengenommen hatte, rechnete der Rapportführer seine Listen zusammen, während er ständig die Spitze seines Bleistiftes anfeuchtete, und als er zufrieden schien, befahl er den Angetretenen sich zu rühren. Direkt danach kam der Befehl strammzustehen, und er brüllte danach, die Mützen abzunehmen. Diese Bewegung wurde generalstabsmäßig umgesetzt. Die Mützen klatschten gegen die Oberschenkel, doch für den Rapportführer war es offensichtlich nicht gut genug, und so ließ er diesen Bewegungsablauf noch mehrere Male durchexerzieren.

Als er endlich zufrieden schien, stand er strammstehend mit dem Rücken zu SS-Hauptsturmführer Karl Martin und Alfred Heinrich. Letzterer hatte seine rechte Hand zwischen die Knopfreihen seiner Uniform gesteckt, während er seinen linken Arm hinter dem Rücken verschränkte. Wir beobachteten seine ungewöhnliche Haltung. Und die Franzosen liebten es, jedem einen Spitznamen zu verpassen, und so erhielt er den Namen Heinrich Napoleon. Als Heinrich mit der Meldung des Rapportführers zufrieden schien, verließ er den Appellplatz und verschwand in dem SS-Lagerteil.

Seine Abwesenheit ebnete das freie Feld für SS und Kapos, die die Situation auszunutzen wussten, um ihr grausames Handwerk zu perfektionieren. Körper lagen zusammengeschlagen auf dem Boden, und die Schmerzensschreie hallten über den (Appell-)Platz. Diese Grausamkeiten endeten erst, als diese schwitzenden Unmenschen aus den Reihen herauskamen, um die Arbeitskommandos zusammenzustellen.

Wir sahen, wie verschiedene Häftlingsgruppen abgezählt wurden, wo sie alsbald an die bereits wartenden SS und Kapos übergeben wurden, die sie im Anschluss daran zur Ostseite des Lagers dirigierten. Wohin sie marschierten, konnten wir nur erahnen, aber einige Minuten später kamen sie, eine Reihe von Werkzeugen tragend, wieder zurück. Darunter befanden sich Äxte, Sägen, Stemmeisen, Vorschlaghämmer, Seile, Schaufeln und lange Mistgabeln. Andere Häftlinge schickte man direkt zum Holzplatz in die südwestliche Ecke des Lagers, während weitere mit Werkzeugen ausgestatte Häftlinge in kleinen Gruppen aus dem Lager getrieben wurden. Als diese Aktivitäten beendet waren, brach eine unnatürliche Ruhe über das Lager herein.

Wir saßen da und besprachen leise, was wir da gerade gesehen hatten. Es war fürchterlich, unglaublich, traumatisch und atemberaubend. Es gab viele Spekulation über das, was wir gerade gesehen hatten. Trotz alledem beschlossen Maurice und ich, eine eher abwartende Haltung einzunehmen, nicht etwa so wie die französischen Kameraden, die von wilden Spekulationen befangen waren. Ein Gerücht hatte sich bereits aufgelöst – wir waren nicht in einem forstwirtschaftlichen Lager!

Als unsere morgendliche Brotration und der Kaffee ankamen, behielt ich etwa zwei Drittel zurück, denn tags zuvor war ich zu hungrig gewesen. Während ich Maurice ein wenig Französisch lehrte, wurde ich von Callaux unterbrochen, der mir zu verstehen gab, dass ich nicht das Recht besäße, Maurice Französisch beizubringen. Ich entgegnete ihm, er solle seine Klappe halten, denn der Lagerkommandant habe mir persönlich die Anweisung gegeben, Maurice Deutsch oder Französisch beizubringen. Ich erzählte diesem Verräter ebenso, er könne gerne zum Kommandanten gehen, für den Fall, dass er mir nicht glaube. Dies brachte diesen Verräter dann doch noch zum Verstummen, denn er konnte sich keine Risiken erlauben. Während ich Maurice unterrichtete, war ich plötzlich überrascht, dass sich drei junge Häftlinge zu uns gesellten und fragten, ob sie zuhören könnten. Einer von ihnen war der zierliche Pierre Marionneau, Spitzname Pierrot. Er wurde am 6. November 1924 in Mer, Loire-et-Chere, geboren und wurde am 24. April 1942 verhaftet. Er trug immer noch seine zu großen Hosen, aber sein Mut, seine Gesinnung und seine Heiterkeit veranlassten mich dazu, mich selbst genauer zu betrachten, wenn die Moral mich verlassen sollte. Er war ein geborener Komiker, und sein ausdrucksstarkes Gesicht war immer von einem Lächeln umgeben. Ich fragte Pierrot, warum er verhaftet worden war. Er erzählte mir, dass er verhaftet wurde, weil er ein „Feind" des Deutschen Reiches wäre. Er fuhr fort zu erzählen, dass sein Vater ein Resistenzler aus Mer sei und dass er in der Widerstandszelle seines Vaters als Bote aktiv war, indem er Antinazi-Flugblätter im Schutze der Nacht verteilte. Pierrot wurde während einer zivilen Demonstration verhaftet und war in den Gefängnissen in Blois und Cherche-Midi inhaftiert, bevor er in unseren schwer gesicherten Zug im Gare de l'Est, Paris, dazukam. Er war der mit Abstand Gesprächigste auf unserer Fahrt nach Trier gewesen, und seine heitere Einstellung hatte uns das Leben ein wenig erträglicher gemacht. Es war fast unmöglich gewesen bedrückt zu sein, wenn man Pierrot um sich hatte. Nachdem ich Pierrots Geschichte für Maurice übersetzt hatte, wiederholte ich drei französische Grundverben. Ich schlug Maurice vor, er solle immer die höfliche Form „vous" benutzen, denn ich wollte ihn nicht mit der zweiten Person Singular verwirren. Das wäre wohl zu viel des Guten für ihn gewesen, wiewohl er intelligent, geduldig und verständnisvoll war. Meine Freunde begrüßten meinen Vorschlag und halfen Maurice bei der Aussprache, während Callaux vor Wut kochte und sein bevorzugtes „Roastbeef" (Maurice) beleidigte.

Es war eine schwierige Zeit für Maurice, da er immer warten musste, bis ich für ihn alles übersetzt hatte. Und ich war immer dankbar, wenn sich ein jüngerer Häftling an ein paar Brocken Englisch aus der Schulzeit erinnern konnte. Maurice hatte mich anfänglich gebeten, ihn Deutsch zu lehren. Ich aber schlug vor, er solle nur lernen, wie man auf Deutsch zählt, denn alle SS und Kapos wüssten jetzt, dass er Engländer war, und erwarteten daher keine Deutschkenntnisse von ihm. Nebenbei erinnerte ich ihn daran, dass ich meine Deutschkenntnisse nach außen hin weiter verbergen müsse. Die Woche in der Quarantäne ging nur schleppend voran. Es gab nichts zu tun, obgleich es keine ruhige Zeit war. Wipf und Callaux sahen schon, wie sie uns auf Trab hielten. Wipf führte seine nächtlichen Visiten fort und wurde bei jedem Male, wo er die Stube berat, grausamer. Es hatte den Anschein, als ob er kaum schlafen würde, und wenn er dann in unserer Stube war, lieferte sein Lakai Callaux jedes Mal eine ausgezeichnete Vorstellung ab und hörte sich immer mehr wie sein Herr und Meister an. Immer, wenn Wipf die Stube verließ, war Callaux von einem halben Dutzend Häftlinge umstellt, die ihn daran erinnerten, dass er nach dem Krieg vor Gericht gebracht werden würde. Es war schon traurig mit anzusehen, wie schnell er sich germanisieren ließ, und es waren nur ein Extrabrot, das den Kameraden gestohlen wurde, und ein anerkennendes Lächeln von Wipf dazu nötig.

Am Freitag, den 19. Juni, nachdem die Arbeitskommandos ausgerückt waren, kam Wipf herein. Er befahl uns, unsere Habseligkeiten zu packen, da wir von nun an ans Hauptlager überstellt werden würden. Er warnte uns, nur ja die Stube zu putzen „...bis hier alles glänzt. Sonst setzt es was!" – wir ließen die glänzende Quarantäne hinter uns.

Maurice und ich waren eng beieinander, während wir über den Appellplatz in Stube 2 rannten. Es war kurz nach 7.00 Uhr morgens. Der Zeitraum relativer Sicherheit war endgültig vorbei. Und als wir gerade in Stube 2 kamen, kam Rottenführer Pammer herein. Er grinste und teilte uns mit, er sei unser neuer Blockführer [33]. Als wir dies hörten, wussten wir, dass wir ernste Schwierigkeiten bekommen würden, denn neben SS-Scharführer Schattner schien Pammer der wohl brutalste der SS-Männer zu sein. Bei mir läuteten die Alarmglocken, denn Pammer hatte schon zuvor einen Blick auf Maurice geworfen und ihn als „Churchill" verspottet.

Maurice und ich hatten viel über die Besatzung Frankreichs, die Gestapo und die SS von unseren Kameraden gelernt. Allerdings hatte ich einiges, was die Lager-SS angeht, nicht wirklich verstanden, sollten doch die SS-Männer die Crème de la Crème Hitler-Deutschlands repräsentieren. Ich fragte mich, weshalb das Lager mit SS-Männern mittleren Alters, fetten Offizieren und Unteroffizieren besetzt war? Der Größte und der wahrscheinlich Repräsentativste dieser „Herrenrasse" war Pammer, aber auch er hatte weder blonde Haare noch blaue Augen. Er war groß, hatte braunes Haar und dunkle Augen. Als ich Pammer zum ersten Mal sah, hielt ich ihn für einen Österreicher und war erstaunt darüber, dass er aus Bad Ems kam. Wir schlussfolgerten daher, dass Sporrenberg oder der frühere Lagerkommandant Pister die brutalsten SS-Männer ausgewählt hatten, obwohl diese körperliche Mängel aufwiesen und weder blonde Haare noch blaue Augen hatten.

c) Tischsitten und (Zwangs-)Arbeit

Mit Ausnahme des Luxemburgers war die Stube 2 unbelegt. Der gut aussehende Mann schien etwa 40 Jahre alt zu sein, und seine „Uniform" eines früheren französischen Offiziers war adrett zurechtgeschneidert. Er trug eine Armbinde, die ihn als Stubenältesten [34] auswies, und hatte längere Haare, anders als seine neuen Schützlinge. Er stand still neben Rottenführer Pammer, der einige aus unserer Gruppe eskortiert hatte, und erneut war die Zeit für den Appell gekommen. Als der SS-Rottenführer damit zufrieden war, dass wir vollzählig waren, stellte er uns den Stubenältesten vor und teilte uns mit, dass wir dessen Befehlen zu gehorchen hätten, denn er sei ihm gegenüber verantwortlich. Pammer befahl uns,

Betten auszusuchen und in der vorgeschriebenen Art und Weise herzurichten. Ich stürzte mich in die hinterste Ecke der Baracke, wo ich zwei Eckbetten ergattern konnte, indem ich die Decke auf das eine und das Laken auf das andere warf. Als Maurice zu mir kam, durfte er sich ein Bett aussuchen. Er wählte das obere Bett, denn er war größer und war eher in der Lage, seine Koje zu erreichen, als ich das hätte tun können. Unser Platz war eine sehr gute Wahl, denn er war am weitesten vom Eingang entfernt und lag außerhalb des Blickfeldes.

Blick ins Innere einer Baracke. Aufgenommen im März 1946. Quelle: Photothéque de la Ville de Luxembourg, Sammlung Tony Krier

Nachdem wir unsere Betten hergerichtet hatten, rief der Stubenälteste Maurice und mich zu sich in eine kleine Nische des Trockenraumes herüber, wo er uns in fließendem Englisch fragte, weswegen man uns nach Hinzert gebracht hätte. Als wir unsere Geschichte zu Ende erzählt hatten, sagte er uns, dass er uns ein paar gute Ratschläge mit auf den Weg geben werde. Dann informierte er uns: Die SS(-Wachmänner), mit einer einzigen Ausnahme, hassten alle Gefangenen, sie wurden speziell für den Dienst in Konzentrationslagern gedrillt, und ihr Hass auf alles Nichtarische war der einzige Grund ihrer brutalen Konditionierung. Überdies betrachteten sie sich selbst als die ultimativen Arier. Der Luxemburger gab uns den Rat, wir sollten uns so gut wie nur irgend möglich von SS, Kapos und dem ganzen Lagerpersonal fernhalten. Des Weiteren sollten wir darauf achten, immer den Eindruck zu erwecken, dass wir mit etwas beschäftigt wären oder unterwegs seien. Aber am allerwichtigsten sei es, unbedingt Augenkontakt mit dem Lagerpersonal zu vermeiden. Er empfahl, jeden Drill so gut wie möglich auszuführen, denn falls nicht, würde das nur Aufmerksamkeit auf uns ziehen. Weiter wies er uns an: „… selbst wenn es euch das Genick brechen sollte, dreht ihr eure Köpfe so schnell wie irgend möglich, wenn ihr vor ihnen salutiert! Übt weiter, eure Mützen auf und ab zu nehmen, so schnell ihr nur könnt, und macht dabei so viel Lärm wie nur möglich, wenn ihr die Mützen auf die Oberschenkel klatscht! Die SS liebt dieses Geräusch. Es vermittelt ihnen das Gefühl, dass sie uns etwas von ihrer Kultur vermittelt haben." Der Stubenälteste teilte uns außerdem mit, dass sich die SS-Männer gegenseitig hassten und denunzierten, um so Pluspunkte bei ihren Vorgesetzten zu erhaschen. Er fuhr fort und meinte, dass die beiden Grausamsten Rottenführer Pammer und Unterscharführer Schattner aus der Versorgungskammer seien. Jenen dicht gefolgt, komme Georg Schaaf mit dem Spitznamen „Iwan, der Schreckliche". Weiterhin warnte er uns vor Oberscharführer Josef Brendel, dem Leiter des Krankenreviers, der, wenn er betrunken war, zu einem tobenden Wahnsinnigen wurde, und unglücklicherweise war er dauernd besoffen.

„Fußtritt Iwans", Zeichnung des französischen NN-Gefangenen Jean Daligault.
Quelle: Musée de la Résistance et de la Déportation, Besançon

Er fuhr fort: „Auch wenn es unangenehm klingen mag, überprüft gegenseitig jeden Sonntagmorgen eure Geschlechtsteile, beide vorne und hinten! Und wenn ihr von Kapos untersucht werdet [35], müsst ihr sicherstellen, dass sie euch keine Laus unterjubeln, denn sie reagieren äußerst frustriert, wenn sie nicht auf sich aufmerksam machen können." Er empfahl, dass wir während der Lauskontrolle immer nach vorne starren müssten, denn es würde zivile Zuschauer beiderlei Geschlechts geben, die außerhalb der Lagergrenze gaffen würden. „Beachtet sie nicht, denn sie haben nichts Besseres zu tun, und geniert euch nicht wegen eurer Nacktheit!"

Der Luxemburger riet uns, nicht in Erinnerungen an unser Heim, unsere Eltern und die Vergangenheit zu schwelgen, da es jetzt notwendig sei, uns zu entmenschlichen, wenn wir überleben wollten. Er erklärte, dass es dabei nicht zwangsläufig notwendig sei, die Selbstachtung zu verlieren, aber es sei unbedingt erforderlich, Nerven wie Drahtseile zu entwickeln. Der Stubenälteste legte uns nahe, so gut wie möglich zusammen zu bleiben, zumal ich für uns beide denken müsse, wenigstens so lange, bis Maurice ein bisschen Französisch beherrschen würde. Er warnte Maurice, dass er dafür bestimmt sei, die Aufmerksamkeit des Lagerpersonals auf sich zu ziehen wegen seiner unzureichenden Sprachkenntnisse und seiner Größe, meinte aber gleichzeitig, dass die Briten zu unserem Vorteil weiter kämpften, denn die Briten befänden sich noch immer im Krieg mit Deutschland, anders als der Rest Europas (der mittlerweile besetzt war).

Der Mann empfahl weiter: „Kollaboriert nicht, denn dann werdet ihr eure Selbstachtung verlieren! Geht einer Arbeit nach, wenn sie euch erblicken! Aber am allerwichtigsten ist: Versucht den Schlägen so gut wie möglich auszuweichen. Was die SS hier betrifft, seid ihr hier, um diszipliniert zu werden, und sie werden euch hier nicht herauslassen, bis sie denken, dass ihr das seid. Jetzt geht zurück zu euren Kojen und denkt daran, dass dieses Gespräch nie stattgefunden hat!"

Ich hatte mehrere Fragen, die ich ihm gerne gestellt hätte, merkte jedoch, dass er uns bereits alles gesagt hatte, was es zu sagen gäbe. Wir reichten ihm die Hand, dankten ihm für seine Ratschläge und gingen dann zurück. In unseren Betten sah mich Maurice mit einer Resignation an, die deutlich in seinem Gesicht abzulesen war. Er war sehr verstört, und um seinen nachlassenden Mut wieder aufzufrischen, schlug ich ihm vor, eine vorsichtige Runde zu drehen, um uns mit den Örtlichkeiten vertraut zu machen.

Auf der anderen Seite der Baracke, in Stube 1, waren viele junge Kameraden aus der Quarantäne-Stube untergebracht. Jede Stube verfügte über ca. 60 Betten (30 Doppelbetten), und dort befanden sich sechs lange, eng gestellte Tische mit Stühlen/Bankreihen auf beiden Seiten. In der Mitte der Stube standen einige Spinde für unsere (Häftlings-)Kleidung und persönliche Ausrüstung. Da diese aber keine Schlösser hatten, schien es keine besonders gute Idee zu sein, auch nur irgendetwas dort hineinzulegen. Auf dem Weg in unsere Stube(n) gab es zwei kleine Trockenräume mit Holz/Kohle-Öfen, allerdings schliefen die Stubenältesten darin und benutzen sie als Büro. In diese beiden Räume wurde auch – zweimal täglich – unser Essen geliefert. Die dritte Mahlzeit, falls sie überhaupt ausgeteilt wurde, fand in der Kantinenbaracke statt, die auf der Nordseite des Lagers lag. Unsere französischen Kameraden ließen uns wissen, dass wir sie nach dem Appell in ihrer Stube besuchen könnten. Wir sahen André Callaux, wie er gegenüber dem Eingang von Stube 1 stand. Er starrte uns nur an, sagte aber kein Wort, denn er hatte in unserer Stube keine Befehlsgewalt inne.

Gegen Mittag hörten wir wieder das gewohnte Gebrüll, die Schreie und Pfiffe. Die „Stimme", die über den Lautsprecher kam, befahl uns, uns ordentlich zu kleiden und unsere Näpfe und Essgeschirr mit in die Kantinenbaracke zu bringen. Wir wurden vom Stubenältesten zusammengerufen und verließen im Laufschritt die Baracke. An der westlichen Seite des Blockes schlossen wir uns einer anderen Gruppe an, die sich bereits aufgereiht hatte, um in die Kantinenbaracke zu gehen bzw. zu rennen. Ich bemerkte, wie Maurice versuchte, sich ein wenig kleiner zu machen, indem er seinen Nacken zwischen die Schultern klemmte und seinen Oberkörper nach vorne streckte, sodass man ihn unter den kleineren europäischen Kameraden weniger leicht ausmachen konnte.

Als wir an den Lattenrosten, die zur Kantine führten, ankamen, warteten dort bereits mehrere SS-Männer und Kapos auf uns. Ihr Ziel war es, jeden zu schlagen, der die fünf Stufen, die zur Kantinenbaracke führten, heraufkam. Maurice und ich aber befanden uns in der mittleren Reihe und entgingen so den meisten Schlägen.

In der Baracke saßen etwa 200 Häftlinge entlang der hölzernen Tische. Ihre Suppe war schon ausgeteilt, aber sie hatten sie noch nicht berührt. Sie saßen starr in Hab-acht-Stellung, blickten geradeaus und hatten die Arme verschränkt, denn sie warteten, bis der letzte Mann seine Suppe ausgeschenkt bekam. Der Grund: Es war solange verboten zu essen, bis ihnen der kommandierende SS-Mann in der Kantine die Erlaubnis dazu gab, und für diese spezielle Schicht war es Georg Schaaf.

Schaaf war eine eher gedrungene Person mit dünnem, roten Haar und eher rötlichem Gesicht. Seine eiskalten blauen Augen waren die einzigen arischen Merkmale, über die er verfügte. Sein Lieblingssport bestand darin, Häftlinge zum Stolpern zu bringen, um sie dann anschließend mit seinen Stiefeln „zu erledigen" oder mit dem immer mitgeführten Stiel einer Hacke oder einer kleinen Axt, die er stets in seinem Gürtel trug. Während wir auf die Ausgabe der Suppe warteten, beobachteten wir, wie dieser Wahnsinnige durch die Reihen der sitzenden Männer rannte und wahllos auf diese mit einem Knüppel einschlug. Er steigerte sich dabei so in Rage, dass sein Mund schäumte und Speichel dabei auf die sitzenden Häftlinge floss, denen nicht erlaubt war, sich zu bewegen, sobald sie saßen.

Aus einem großen Kessel schöpfte ein gut genährter Häftling einen etwa dreiviertel Liter einer dünnen Wassersuppe in unsere Näpfe. Es war ganz offensichtlich, dass er – falls ihm das Gesicht des Gefangenen gefiel – tief unten in dem Kessel rührte und die Kelle wieder mit einem festen braunen Etwas auftauchen ließ, was bei mir aber nicht der Fall war. Nach der Ausgabe leiteten uns Kapos zu unseren Plätzen, wo wir strammzustehen hatten, die Augen gerade ausgerichtet, während dieses Gebräu kalt wurde. Als der letzte Mann bedient war, brüllte Schaaf: „Fresst! Ihr habt 10 Minuten!" Er wählte natürlich nicht die höfliche Variante „essen", sondern spie das Verb „fressen" aus, ein Wort das normalerweise Tieren zugeschrieben wird.

Das Schweinefutter schmeckte exakt nach verbranntem und verkochtem Mehl mit einem leichten Farbzusatz, und während wir aßen, erinnerte uns Schaaf fortwährend daran, wie viele Minuten zum Essen noch übrig waren. Eine Minute vor Ende begann er die Sekunden herunterzuzählen, und während des Countdowns hätte man schon blind sein müssen, um die SS und Kapos nicht zu sehen, die sich schon in Erwartung unseres Wegtretens versammelten.

Zehn Minuten, um diese Brühe zu essen, wären gar nicht notwendig gewesen, denn sie war bereits kalt, und dennoch schrieben uns die SS-Männer die „Tischmanieren" vor, indem sie uns anwiesen, den Löffel der „Suppe" zu den Lippen zu führen, ohne dass sich der Oberkörper über den Napf beugt. Jenen, deren Tischmanieren der SS missfiel, kippte man die Suppe über dem Kopf aus, und danach wurden sie unter Schlägen aus der Kantine hinausgeprügelt. Nachdem die zehn Minuten vorbei waren, befahl uns Schaaf strammzustehen und führte uns aus der Kantine heraus. Beim Ausgang standen vier SS-Männer und zwei Kapos, die alle mit Hackenstielen und Knüppeln bewaffnet waren. Und während sich die Häftlinge zusammendrängten, um durch die Doppeltür zu kommen, schlugen sie nach allen. Sie gaben sich nicht damit zufrieden, auf wehrlose Häftlinge einzudreschen. Diese Sadisten brüllten sich die Lunge aus dem Leib, gaben uns die widerlichsten Namen, die man sich nur vorstellen kann, und unterstrichen ihre (Hetz-)Phrasen mit Begriffen wie „Terroristenschweine". Schweiß tropfte von ihren Gesichtern, während sie versuchten, uns größtmögliche körperliche Schäden zuzufügen, und das in möglichst kurzer Zeit. Da der Ausgang aus der Kantine sehr eng war, verursachte er einen Rückstau von drängelnden, drückenden und schwitzenden Körpern. Dies ermöglichte diesen Wilden für eine längere Zeit, auf die ausgezehrten und erschöpften Häftlinge einzuschlagen, während diese versuchten, unversehrt aus dem Ausgang zu kommen. Maurice schnappte mich und stürzte sich in die Mitte der Meute, und so schafften wir es, aus der Kantine herauszukommen, ohne getroffen zu werden.

Draußen standen zwei SS-Männer jeweils oben und unten an der Treppe, und sie alle waren mit Hackenstielen bewaffnet. Genau wie die anderen brüllten und schrieen sie und versuchten jeden zu treffen, der die fünf Treppenstufen herunterkam. Pammer fiel dabei besonders auf und ragte aus dem Rest dieser Wahnsinnigen hervor, denn er war der Lauteste und Aktivste. Ich bugsierte Maurice zur Mitte der kämpfenden Meute, wo wir das Glück hatten, nicht von der SS getroffen zu werden, indes war die Sache für uns noch nicht erledigt, denn entlang der Lattenroste standen mehrere Kapos, die von ihrem Oberkapo Wipf angeführt wurden.

Es war ein Spießrutenlauf und erinnerte mich an Geschichten aus Magazinen meiner Kindheit: „Adventure", „Skipper", „Wizard", „Rover" und „Hotspur", in denen ich über „rote Wilde" las, die ihre Gefangenen einem ähnlichen Spießrutenlauf unterzogen und ihnen erlaubten, als Sklaven weiterzuleben, falls sie die andere Seite erreichen sollten.

Die Chancen dabei waren nur gering, denn der Lauf wurde in der Regel von jüngeren Kriegern und Frauen durchgeführt, alle mit Messern, Kriegsbeilen und Keulen ausgestattet. Und während ich mich an die Fersen des Mannes vor mir heftete, inklusive Maurice, der sich an meiner Hüfte festhielt, war ich erleichtert, dass keine SS-Frauen im Lager waren. Die Magazine berichteten nämlich, dass die Frauen der Indianer noch grausamer waren als die männlichen Krieger.

Es war nahezu unmöglich, allen Schlägen auszuweichen, aber wir konnten einigen ausweichen, indem wir uns wie Preisboxer duckten und hindurchschlängelten. Und als wir das Ende der Lattenroste erreichten, wo Wipf stand, hätte ich schwören können, dass er auf unsere Köpfe gezielt hatte, denn er verfehlte sein Ziel bei den an ihm Vorbeirennenden nur sehr selten. Nachdem wir diesem Inferno entkommen waren, hörte ich mein Herz pochen und fühlte mit Sicherheit einen Puls von mindestens 200 Schlägen pro Minute. Des Weiteren stank ich nach Schweiß – eine Erfahrung, die ich bereits schon zuvor gemacht hatte, wenn ich Angst verspürte.

Zurück in Stube 2 wuschen wir unsere Näpfe und Löffel und setzten uns an einen Tisch, wo wir die nächste Runde an Grausamkeiten erwarteten. Maurice und ich starrten uns gegenseitig an, und unsere Brustkörbe schmerzten mit jedem Atemzug. Unsere französischen Kameraden saßen ebenfalls da und starrten einander an, und in ihren Gesichtern konnte man die Fassungslosigkeit ablesen.

Die Erfahrung hätte uns eigentlich Stolz und Überheblichkeit abverlangen müssen, diese Barbarei, orchestriert von übereifrigen Nazis, überlebt zu haben. Als unsere Brustkörbe sich wieder langsamer hoben und unsere Lungen weniger schmerzten, zeigten sich plötzlich ein paar grinsende Gesichter, und die gallische Seele war wiedererwacht. Der unerschrockene Pierrot Marionneau sagte leise: „Te casse pas la tête, les gars! On les aura!" (Macht euch keine Sorgen, Jungs! Wir kriegen sie!) Seine jugendlichen, couragierten Worte brachen die Anspannung auf, und Hände wurden über die Tische gereicht, um den Gegenübersitzenden die Hand zu reichen. In den Augen von Maurice sah ich einen ungestümen Stolz aufkeimen, der mir sagte, dass er und ich ebenso stolz waren, dieses von der SS entfachte Inferno ertragen zu haben, und so umklammerte ich seine Hand. Der Rat des Stubenältesten kehrte auf einmal zurück, und ich fühlte zum allerersten Mal, dass wir gemeinsam mit den Franzosen – ungeachtet des Schwarzen Schafes (im Original "rotten apple") André Callaux – eins sein würden.

An diesem Nachmittag unternahmen Maurice und ich einen vorsichtigen Gang nach draußen. Wir sahen, dass das Lager etwa 200 auf 150 Yards (etwa 188 auf 142 Meter) groß war. Das Lager war von einem zwei Meter hohen Maschendrahtzaun umzäunt, an dessen oberem Ende sich noch vier Stränge Stacheldraht befanden. Der Zaun war nicht elektrisch geladen, aber es gab mindestens drei Wachtürme außerhalb der Eingrenzung, die ständig von mit Maschinengewehren bewaffneten SS-Männern besetzt waren.

Quelle: Centre de Recherches et des Documentations sur la Résistance, Luxembourg

An der Lagergrenze sahen wir eine Fußpatrouille, die aus zwei SS-Männern bestand und die von einem sich plagenden, hechelnden und speichelnden Deutschen Schäferhund begleitet wurden.

Ein Teich, etwa 50 x 50 Fuß groß (ca. 15 x 15 Meter) und vier oder fünf Fuß tief (ca. 1,5 Meter), war an der Südwestseite des Appellplatzes ausgegraben worden. Als wir im Lager angekommen waren, hatten wir angenommen, dass es sich um ein Schwimmbecken (pool) handelte, doch handelte es sich um ein Trinkwasserreservoir des Lagers für Notfälle und um einen Brandlöschteich.

Der Löschteich wurde 1942 von Häftlingen ausgehoben (siehe auch: de La Martinière) und war einer der Orte des Lagers, an dem Häftlinge gefoltert oder getötet wurden, indem man ihren Kopf in den Löschteich tauchte oder sie auch im Winter hineinwarf, um sie „wiederzubeleben", während sie anschließend mit der nassen Kleidung strammzustehen hatten, um zu „trocknen". Ein anderer Ort, an dem Häftlinge in ähnlicher Weise misshandelt oder ermordet worden waren, war die Waschbaracke. Die Aufnahme entstand 1946.
Quelle: Photothèque de la Ville de Luxembourg, Sammlung Tony Krier

Gegenüber dem Haupteingang des Lagers befand sich der SS-Lagerteil, welcher von elf flachen Baracken umsäumt war, inklusive einer Küche, einem Erholungsbereich und einer Kantine. Etwas höher auf dem Hügel gelegen, stand das adrette Haus des Lagerkommandanten Sporrenberg. Wir liefen um das so genannte „Gefängnis" herum, waren aber nicht im Stande, die qualvollen Schmerzensschreie zu meiden, die durch die schwarzen Wände nach außen drangen.

Aufnahme des Gefängnisses (auch „Bunker" genannt) aus dem Jahr 1946. Innerhalb des Bunkers gab es 21 vergitterte Einzelzellen sowie zwei Zellen für Dunkelhaft. Schon wegen geringster „Vergehen" konnten die Häftlinge dort eingewiesen werden. Die Verpflegung war zumeist noch dürftiger als die täglichen Rationen im Lager. Auf dem Dach kann man noch deutlich die Abdeckung aus Zweigen und Moos erkennen, die dazu diente, das Lager bei Tieffliegerangriffen zu tarnen. Quelle: Photothèque de la Ville de Luxembourg, Sammlung Tony Krier

Auf der Westseite des Lagers war eine kleine Baracke, in der etwa 60 Franzosen untergebracht waren, die zur „besonderen Abwicklung" vorgesehen waren. Dieser Begriff hatte keinerlei Bedeutung für uns, allerdings hatten wir die Männer zuvor gesehen, wie sie während der Appelle nach draußen schauten, an denen sie weder teilnahmen noch (Zwangs-)Arbeit verrichten mussten. Sie hatten alle noch Haare, und daher nahmen wir an, dass es sich um privilegierte Häftlinge handeln musste. [36]
Der Stubenälteste hatte uns berichtet, dass Hinzert sich im Schwarzwälder Hochwald befand, der wiederum Teil des Hunsrücks sei. Die nächstgrößere bekannte Stadt war Trier, eine Grenzstadt, die viele Franzosen aus dem Westen (gemeint ist hier sicherlich der Osten, Anm. d. Übers.) ihres Landes kannten, besonders wenn sie aus Elsass-Lothringen stammten, das von den Deutschen 1940 wieder annektiert worden war. Einer unserer französischen Freunde erzählte uns, dass die Deutschen über 100.000 französische Bürger aus Elsass-Lothringen umgesiedelt hätten, um es anschließend wieder als deutsches Territorium zu beanspruchen, denn es hatte schon früher mehrmals zu Deutschland gehört.

Man hatte uns in die Routinen des Lageralltags unterwiesen, der wie folgt aussah:

Wecken	4:30 (am) 4.30 Uhr
Kaffee	5:00 (am) 5.00 Uhr
Appell und „Frühsport"	5:30 (am) 5.30 Uhr
Arbeit	6:00 (am) 6.00 Uhr
Mittagssuppe	12:00 - 12:45 (pm) 12.00 - 12.45 Uhr
Rückkehr zur Arbeit	1:00 (pm) 13.00 Uhr
Arbeitsende	6:00 - 7:00 (pm) 18.00 - 19.00 Uhr
Abendessen	6:00 (pm) 18.00 Uhr
(falls ausgeteilt, Anmerkung des Übersetzers)	
Antreten und Drill	6:30 (pm) 18.30 Uhr
Stubenappell	9:00 (pm) 21.00 Uhr
Appell und Schlafenszeit	10:00 - 11.00 (pm) 22.00 - 23.00 Uhr

Unter den Franzosen, die am 5. Juni (1942) in Hinzert ankamen, war eine Gruppe von sechs französischen Widerstandskämpfern aus Rennes, der Hauptstadt der Bretagne, die im März 1942 verhaftet worden waren. Der Jüngste darunter war Pascal Lafaye, geboren am 21. Juni 1927 (der Jüngste bekannte NN-Häftling in unserer Gruppe). Bei den anderen handelte es sich um: Michael Goltais, geboren am 14. März 1927; Yves Le Moigne, geboren am 6. März 1926, Jacques Tarrier, geboren am 9. Juli 1926, Gilbert Anquetil, geboren am 23. November 1926, und der wohl treueste Anhänger dieser Gruppe, Guy Faisant, war am 23.Oktober 1925 geboren worden.

Die Bretonen, die meisten waren noch Schuljungen, hatten noch nicht einmal die Volljährigkeit abgewartet, um sich dem französischen Widerstand anzuschließen. Diese sechs hatten eine eigene kleine (Widerstands-)Gruppe gegründet, für die sie Flugblätter verteilten, Nachrichten überbrachten und Waffen und Munition verteilten. Sie versuchten, (die Besatzer) sooft und wo auch immer zu behindern. Die jungen Bretonen waren keine eingefleischten Sozialisten, obwohl der eine oder andere sozialistischen Idealen nacheiferte. Sie waren dieser (Widerstands-)Zelle beigetreten, weil die französischen Sozialisten und Kommunisten die aktivsten und aggressivsten Widerstandskämpfer in der Bretagne waren, und sie hatten jeden rekrutiert, der die innere Stärke hatte, die meist heimlichen Aktionen gegen die deutschen Besatzer auszuführen.

Zwei Niederländer waren auch im ersten Konvoi von Frankreich nach Hinzert am 5. Juni 1942 deportiert worden. Beide beherrschten die eigene Sprache fließend sowie Deutsch, Französisch und Englisch. Geert (Gerald) van Rijckevorsel van Kessel wurde 1923 geboren. Vor seiner Verhaftung lebte er in St. Oedenrode, Holland. Sein Partner Henk Klerkx war ebenfalls Jahrgang 1923, lebte aber in der Nähe von s'Hertogenbosch. Beide, Gerald und Henk waren von den deutschen Besatzern desillusioniert worden und hatten den Versuch unternommen, Holland mit der Absicht zu verlassen, in den unbesetzten Teil Frankreichs zu gelangen. Wenn sie erst einmal dort angekommen wären, hofften sie, je nach der momentanen Lage, über die Schweizer Grenze oder über Gibraltar nach Spanien zu kommen. Sollten sie mit ihrem Vorhaben Erfolg gehabt haben, wollten sie den freien Niederländischen Streitkräften in England oder Fernost beitreten. Gerald und Henk hatten ohne besondere Zwischenfälle die niederländisch-belgische Grenze überschritten. Dann folgte unbeobachtet das Überschreiten der belgisch-französischen Grenze. Sie lagen gut im Zeitplan, und ihr Vorhaben machte Fortschritte, bis sie die Stadt Besançon im Osten Frankreichs erreichten. Entlang ihrer Route stießen sie auf einen gleichgesinnten Franzosen, der sie nach Besançon lotste und ihnen die Adresse eines französischen Arztes gab, der angeblich Beziehungen zur französischen Résistance unterhielt. Der Mann empfahl den beiden, dass der Arzt ihnen auf dem Weg ins unbesetzte Frankreich helfen könne.

Es war eine dunkle und verregnete Nacht, als Gerald und Henk in Besançon ankamen, wo sie alsbald ihr Glück verlassen sollte, denn in der Dunkelheit klopften sie an die Tür eines Buchhalters anstatt die des Doktors. Die Chance war eins zu einer Million, aber der Buchhalter hatte den gleichen Namen wie der Doktor, und die messingfarbenen Schindeln am Haus waren beinahe identisch gewesen. Als sie das Haus des Buchhalters verließen, um zu dem des Doktors zu gehen, wurden sie von einer deutschen Straßenpatrouille entdeckt, die sie wegen des Vergehens der Ausgangssperre verhaftete.

Man hielt sie kurz im Gefängnis von Besançon gefangen. Doch als die Gestapo erfuhr, dass es sich um Niederländer handelte, die ohne gültige Reisepapiere unterwegs waren, schickte sie sie sofort nach Paris und dann mit dem ersten NN-Transport von Frankreich nach Hinzert. Dass wir dann auf die beiden Niederländer stießen, das war absoluter Zufall, bedeutete aber zugleich, dass Maurice sich noch mit anderen Personen unterhalten konnte, anstatt nur mit mir.

An diesem Abend stürmte Pammer in unsere Stube und brüllte uns an, wir sollten uns auf dem Appellplatz für den Abendappell versammeln. Wie gewöhnlich warteten SS und Kapos dort wie die Raubtiere, und wir wurden aus unserer Baracke herausgeprügelt. Man schlug uns auf den Lattenrosten, die zum Appellplatz führten, um im Anschluss von einer Horde johlender Kapos und SS auf dem Appellplatz (weiter-)verprügelt zu werden. Wie immer hatten sie sich in einen solchen Wahn gesteigert, und ihre Münder schäumten von der Anstrengung, uns zu verdreschen. Es war schwierig, jedem Schlag auszuweichen, aber Maurice und ich versuchten unterzutauchen, klemmten unsere Köpfe zwischen die Schultern, schützten das Gesicht, sodass wir zwischen den Spalten unserer Arme durchsehen konnten. Wir rannten so schnell wie wir nur konnten, indem wir den vor uns rennenden Personen folgten. Ich hatte Glück und erhielt etwa nur ein Dutzend Schläge, meistens auf meine Vorderarme und das Gesäß. Es war lebenswichtig, das Gesicht zu schützen, weil die SS, sofern sie einen Häftling mit blutunterlaufenem Gesicht sahen, schlussfolgerten, dass er ein „Unruhestifter" sei, und er erhielt dann zusätzliche Schläge.

Unser erster „hauseigener" Appell war ein grausames Erwachen. Die Kapos behandelt jeden von uns äußerst brutal, als ob ihr Leben an einem Stück Brot hängen würde, das sie für ihre verwerflichen Taten erhalten sollten. Und während ich stramm da stand, sehnte ich mich nach der relativen Ruhe in den Zellen von Jersey und Fresnes, trotz gelegentlicher Gewalttage und einer gebrochenen Nase.

Wir wurden in numerischer Reihenfolge nach Baracken und Stuben in Fünfer-Reihen gegenüber der Quarantäne-Baracke aufgestellt, die in der Zwischenzeit wieder besetzt war. Etwa 400 Häftlinge standen auf dem Appellplatz, und diese Nummer wurde durch den letzten Häftling bestätigt, der laut „Fünfundachtzig" ausrief. Der Rapportführer befahl uns, strammzustehen. Und nachdem die SS-Führer mit Notizbüchern zu ihm herübermarschiert waren, erstatteten sie ihm Meldung. Nachdem der Rapportführer zufrieden war, dass wir alle vollzählig waren, ordnete er noch seinen kurzen Drill „Mützen ab! Mützen auf!" an. Das Geräusch der Mützen, die gegen die Oberschenkel klatschten, schien seinen Erwartungen zu entsprechen, und so durchliefen wir noch eine Serie von körperlichen Übungen, die seiner Auffassung nach notwendig waren, denn wir würden schlimmer als Schweine stinken. Diese Übungen wurden durch Gebrüll, Schläge und dem üblichen Inferno der Grausamkeiten seitens der Kapos begleitet, und als die SS mit einschritt, motivierte das diese feigen Kapos zu noch größeren Anstrengungen, denn sie wollten von ihren Herren nicht übertroffen werden. Die Szene war total irrsinnig, denn die Häftlinge versuchten, die Übungen auszuführen und zur gleichen Zeit nicht getroffen zu werden. Schließlich befahl man uns, wieder in unsere Gruppen zurückzutreten.

Der Rapportführer zupfte seine Uniform zurecht, schnallte seinen Gürtel enger und marschierte Richtung Rapportbüro, also ob nichts passiert wäre. Kurze Zeit später kam er mit SS-Unterscharführer Heinrich zurück, und bei dessen Erscheinen gab es erneut eine Serie von „Mützen auf! Mützen ab!" Falls das Geräusch (der klatschenden Mützen) mit seinem Gehörsinn im Einklang war, schob er eine Hand in die Uniformjacke und die andere hinter den Rücken, um dann die erste Reihe der Häftlinge zu inspizieren. Sein Spitzname „Napoleon" war absolut treffend, da er während des gesamten Appells in dieser Haltung verharrte.

Als Heinrich den Appellplatz verließ, übergab uns der Rapportführer den SS-Blockführern, die beschlossen, dass weiterer Drill notwendig war, um uns zu den Stuben zu entlassen. Glücklicherweise entließ man uns, nachdem wir ein paar Runden um den Appellplatz gerannt waren, und befahl uns, in unsere Stuben zurückzugehen. Das war leichter gesagt als getan, denn die unteren SS-Dienstränge und Kapos warteten bereits auf den Laufstegen, wo sie uns knüppelschwingend verhöhnten: „Lauft um euer Leben, ihr Terroristenschweine!" Ich grapschte mir Maurice und drängte in die Mitte der rennenden Meute. Auf diese Weise entgingen wir erneut ihren Schlägen, bis zur Hälfte des Weges entlang der Lattenroste, denn von da ab war es für die Kapos nahezu unmöglich daneben zu schlagen. Es war kein Wunder, dass die meisten von uns die Stube 2 zerbeult, traumatisiert und außer Atem erreichten. Und erneut stürzten wir zu den Bänken und starrten uns gegenseitig an. Kein Wort wurde gewechselt. Aber was hätten wir in dieser Situation auch sagen sollen?

Während wir uns langsam wieder beruhigten, war es wieder Zeit für das Abendessen, das in die Nische des Stubenältesten gebracht worden war. Wir reihten uns auf mit unseren Näpfen und schlurften zu dem Kessel mit der furchtbar stinkenden Flüssigkeit. Wir erhielten dort einen dreiviertel Liter Kohlrübensuppe, in der weder Fleisch noch Spuren von Fett zu finden waren. Lediglich ein Klumpen von verrotteten gelben Rüben und ein paar winzige Stücke schwarzer Kartoffeln. Ich schätzte, dass in meinem Napf weniger als eine halbe Tasse fester Nahrung zu finden war, doch sie bescherte uns Flüssigkeit, und sie war warm. Die Suppe durchspülte direkt unsere Verdauungsorgane, und es dauerte nicht lange, bis die ersten zur Toilette rannten, wo jeder verpflichtet war, den „Toilettenkapo" nach Papier zu fragen. Dies bestand aus kleinen quadratischen Zeitungsfetzen.

Es war ebenso die Aufgabe des (Toiletten-)Kapos [37] sicherzustellen, dass keiner länger als zwei oder drei Minuten in den Latrinen verweilte. Die Toiletten waren einfache Löcher im Boden, über denen Holzsitze gebaut worden waren, aber sie waren sauber und wurden jede Woche von einer Gruppe junger Häftlinge geleert, die auch bekannt war als „Scheißkommando" (S…t Brigade).

Zeichnung von Jean Daligault „Das Wagenkommando". Quelle: Musée de la Résistance et de la Déportation, Besançon. Die Häftlinge mussten wie Zugtiere einen mit Steinen oder Kohle beladenen Wagen vom Lager ins drei Kilometer entfernte Reinsfeld ziehen, und das mehrmals am Tag. Die originalen Zeichnungen sind nur wenige Zentimeter groß (siehe auch Beschreibung von Peter Hassall) und sehr lichtempfindlich, sodass sie nur ausgewählten Besuchern im Musée de la Résistance et de la Déportation in Besançon gezeigt werden können.

Wir konnten die Ruhe in unserer Stube nicht lange genießen, denn Schaaf hatte beschlossen, unserer Stube einen Besuch abzustatten. Sofort ließ uns der Stubenälteste antreten und erstatte daraufhin Meldung, dass wir alle vollzählig waren, mit Ausnahme einer Person, die gerade auf der Toilette war. Als er dies hörte, stürmte Wipf, der Schaaf begleitete, zu den Toiletten, und es sollte nicht lange dauern, bis wir dumpfe Schläge und Schreie hörten. Sekunden später strauchelte der Unglückselige in unsere Reihe(n), während er immer noch versuchte seine Hose heraufzuziehen, und er tanzte dabei, um Wipfs Schlägen zu entgehen. Schaaf wollte hier keineswegs die zweite Geige spielen, ging zu dem Mann herüber und brüllte ihm etwas entgegen. Wipf, aus welchen Gründen auch immer, verschwendete keinen Gedanken daran, seine Worte zu übersetzen. Als er keine Antwort bekam, entfachte dies eine weitere Steigerung seines Zornes. Er schlug diesen armen Kerl zuerst mit den Fäusten und dann, als er zusammenbrach, mit seinen schweren Stiefeln, so lange, bis der Mann glücklicherweise (für ihn) die Besinnung verlor. Mein fünfzehnjähriger Verstand war außer Stande zu begreifen, wie ein solches Gebaren toleriert werden konnte, aber ich musste noch viel lernen.

Schaaf wendete seinen Zorn nun auf die hier versammelten Häftlinge. Er rannte entlang der ersten Reihe und schlug jedem ins Gesicht oder trat ihn in die Genitalien. Versuchte eines seiner Opfer die Arme vor dem Gesicht zu verschränken, um seine Gesicht so zu schützen, befahl er ihm, die Arme zur Seite zu legen und „strammzustehen"! Ein Mann versuchte instinktiv sein Gesicht zu schützen, und seine Abwehrhaltung trieb Iwan den Schrecklichen in noch größere Gewaltausbrüche. Er fing dann an, die gesamte Stube zu verdreschen, und seine Grausamkeiten dauerten beinahe 15 Minuten. Schweiß tropfte von seiner Stirn, er sabberte und keuchte, aber hörte so lange nicht auf, bis er seine Arme nicht mehr hochheben konnte. Dann stampfte er fluchend aus der Stube.

Kapo Wipf, der wortlos neben ihm stand, ging zu dem Stubenältesten und sagte ihm, er hätte die Stube besser in Schuss halten sollen. Der Schweizer Kapo machte kehrt, als wolle er die Stube verlassen, aber anstatt hinauszugehen drehte er sich um und schlug dem Stubenältesten brutal ins Gesicht. Das Blut spritzte nach allen Seiten, aber der Mann blieb standhaft stehen, die Augen geradeaus gerichtet. Wipf blickte kurz auf seine Füße, warf einen respektvollen Blick auf den Mann und ging. Keiner von uns rührte sich, bis uns der Stubenälteste befahl, wegzutreten. Er ging dann in seinen abgetrennten Raum, wo sein Vertreter etwas Wasser holte und das blutverschmierte Gesicht seines Vorgesetzten wusch. In der Zwischenzeit brachen die meisten von uns über den Tischen zusammen, wo wir immer noch den Atem anhielten, für den Fall, dass Iwan zurückkommt. Als der Luxemburger (Stubenälteste) wieder kam, sah man deutliche Anzeichen von Blutergüssen in seinem Gesicht. Er wies uns an, wir sollten leise sein und noch bei den Tischen bleiben, allerdings sollte einer von uns nahe dem Eingang bleiben, um uns vor hereinkommenden SS und Kapo Wipf zu warnen.

Wir saßen da und redeten bis ca. 9.00 Uhr (21.00 Uhr), als ein weiterer Appell von Pammer bevorstand. Er war schon etwas angeheitert und wirkte etwas angeschlagen, und so sah er davon ab, uns zu terrorisieren. Als Pammer ging, wies uns der Stubenälteste an, unsere Kleidung auszuziehen und auf den letzten Appell des Tages um 10.00 Uhr zu warten.

Gesagt, getan, und so saßen wir in unseren albernen langen Hemden und warteten auf den letzten Appell des Tages, der wiederum von Pammer durchgeführt wurde. Und erneut schlug er niemanden, da er offensichtlich in Eile war, um wieder in die (SS-)Kantine zurückzukehren.

Nachdem Pammer die Eingangstür verschlossen und die verriegelten Klappläden inspiziert hatte, kletterten wir in unsere Kojen. Ich wünschte Maurice und jenen in meiner unmittelbaren Umgebung eine gute Nacht. Nach der Verdunkelung, so schien es mir, hatte ich gerade für wenige Sekunden meine Augen geschlossen, als ich Trillerpfeifen, Schreie und SS-Stimmen brüllen hörte: „Aufstehen!" Es war 4:30 morgens und Zeit für Samstag, den 20. Juni (1942), aufzustehen – ein ganz normaler Arbeitstag. Nach den 15 Minuten Frühsport auf dem Appellplatz schickte man uns zu unseren Stuben für die (Ersatz-)Kaffeeausgabe um 5:00 Uhr. Drei Männer wurden losgeschickt, um das Frühstück abzuholen, und sie kehrten mit einem dampfenden Kessel mit Eichelkaffee, mehreren Laiben Schwarzbrot und einem Klumpen weißer, künstlicher Margarine wieder zurück. Nachdem der Stubenälteste die Brotlaibe in dem für ihn bestimmten Nebenraum geschnitten hatte, bekamen wir unsere Brotration, einen Teelöffel Margarine und eine Schöpfkelle mit Eichelkaffee. Am Tisch schnitten Maurice und ich unser Brot in drei dünne Scheiben und beschmierten sie dann mit Margarine. Wir aßen nur ein Stück und steckten die anderen beiden Scheiben in unsere Taschen.

Nach dem Frühstück durchlitten wir wieder einen weiteren grausamen routinemäßigen Appell auf dem Appellplatz. Die Kapos, durch die nächtliche Ruhe wieder vollständig regeneriert, versuchten erneut, sich mit ihrem Handwerk gegenseitig zu übertrumpfen, bis die SS ihrem Treiben Einhalt gebot. Als alles ruhig war, wurden wir verschiedenen Arbeitskommandos zugeteilt. Etwa 50 von uns marschierten zu einem Schuppen nahe der Ostseite des Lagers, wo man uns Werkzeug aushändigte. Einige bekamen Äxte, andere Hammer und Meisel, und ca. einem Dutzend Häftlingen wurde befohlen, boxenähnliche Vorrichtungen mitzunehmen, die am Ende des Kohleschuppens gestapelt waren. Diese Kästen waren aus dicken hölzernen Brettern zusammengezimmert. Diese waren etwa

1,10 Meter lang, 75 Zentimeter breit und ca. 60 Zentimeter tief. Die obersten Bretter standen auf beiden Seiten etwa einen Meter hervor und die Enden waren so gebaut, dass man sie mit der Hand tragen konnte. Die Franzosen mit ihrer Neigung, alles benennen zu wollen, nannten sie „cammattes". Im Grunde genommen waren es Schubkarren ohne Räder.

Dies ist eine gestellte Aufnahme eines bislang unbekannten SS-Wachmannes. Die Kästen („cammattes") waren in der Regel mit Kohle, Holz oder Schiefer befüllt und mussten im Laufschritt geschleppt werden. Deutlich zu erkennen ist die für Konzentrationslager untypische Häftlingskleidung, bestehend aus bunt zusammen gewürfelten Beuteuniformstücken oder zerschlissener Zivilkleidung (siehe auch: Ankunft in Reinsfeld.)
Quelle: NS-Dokumentationszentrum Rheinland-Pfalz

Unser erster Arbeitseinsatz war das „Steinkommando", für das nur jüngere Häftlinge ausgewählt worden waren. Die meisten von uns berichteten, dass sie zwischen Februar und Mai 1942 verhaftet worden waren, und obwohl wir noch nicht über einen allzu langen Zeitraum inhaftiert waren, hatten wir alle schon enorm an Gewicht und Kraft eingebüßt. Wir befanden uns in einer Lebensphase, in der wir eigentlich mehr Nahrung gebraucht hätten, um noch zu wachsen. Dieser zusätzlichen Nahrung beraubt zu werden, das war für Jugendliche noch verheerender als für Erwachsene, deren Körper bereits vollständig entwickelt waren.

Mit Werkzeug ausgestattet, marschierten wir aus dem Südtor des Lagers in ein Feld, in dem gewaltige Felsblöcke und Baumstümpfe lagen. Der „Steinkapo" machte uns klar, dass unsere Arbeit darin bestünde, Brocken herauszubrechen, anschließend die großen Bruchstücke zu einem Platz nahe des Tores zu tragen, wo sie nochmals in kleinere Splitter zerbrochen werden würden, um sie dann letzten Endes zum SS-Lagerteil zu bringen, wo sie Wege und Straßen pflastern sollten.

Unser Kommando wurde von einem SS-Rottenführer und drei Kapos bewacht, von denen einer, ein 15-jähriger grausamer kleiner Sadist aus Belgien namens Leon war. Die beiden anderen waren deutsche Kriminelle, deren Ziel wohl darin bestand, Pluspunkte bei ihren SS-Herren zu sammeln, um somit ihre erhaltenen Strafen zu reduzieren. Die SS-Wachen verbrachten die meiste Zeit damit, sich mit einem anderen Wachmann auf einem Beobachtungsturm zu unterhalten, und sie überließen den Kapos ihre (Wach-)Aufgaben. Diese wiederum nützen die Situation aus und verdroschen jeden, den sie verdächtigten, bei der Arbeit zu bummeln. Maurice und ich verbrachten die ersten beiden Stunden damit, kleine Stücke aus den Blöcken herauszubrechen. Ich hielt einen langen Meißel, während Maurice mit einem Vorschlaghammer darauf schlug und dabei größere Stücke herausbrach. Die Stücke wurden von den Trägern der Holzkisten aufgelesen, die, wenn sie voll befüllt waren, etwa 250 Pfund wogen (ca. 110 kg). Unsere Kameraden in ihrem erschöpften Zustand waren kaum in der Lage, diese hochzuhieven, und wenn sie diese wiederum absetzten, um ihre strapazierten Arme zu entlasten, wurden sie von Kapos furchtbar verprügelt. Nach etwa drei oder vier Fuhren mit ca. einer Strecke von gut und gerne 100 Metern brachen zwei junge Häftlinge zusammen, und obwohl die SS-Männer sie mit Tritten „wiederbelebten", standen sie nicht mehr auf. Schließlich erlaubte man uns, die beiden in die Tragekästen zu legen und sie zum (Kranken-)Revier zu bringen.

Nachdem die leeren Kästen zurückgekommen waren, beschlossen die Kapos, dass die Zeit für einen Arbeitswechsel gekommen wäre, und so wurden Maurice und ich einer „cammatte" zugeteilt. Indem wir sorgfältig die Steine auftürmten, waren wir in der Lage, weniger Gewicht aufzuladen. Doch obwohl unsere Ladung höchstwahrscheinlich leichter war als die der anderen, kollabierten auch wir beinahe nach etwa fünf Wegestrecken zu dem Steinhaufen. Unsere Arme schmerzten, unsere Schultern fühlten sich ausgerenkt an, und aufgrund von Maurices Größe neigte sich die Kiste immer in meine Richtung – was es nicht einfacher machte.

Glücklicherweise ertönte um 12.00 Uhr der Mittagspfiff, und die Lautsprecher kündigten die Mittagspause an. Ein Kapo blieb zurück, um die Werkzeuge zu bewachen, während der Rest von uns zu den Stuben zurückrannte, wo wir uns wuschen, unsere Näpfe und Löffel holten und anschließend wieder einen Spießrutenlauf zwischen SS und Kapos erlebten. Als wir in der Kantine ankamen, servierte man uns wieder die gleiche braune, wässerige Brühe unter denselben schrecklichen Bedingungen. Auf dem Weg nach draußen hatte sich die Lage auch nicht verändert – die Raubtiere warteten bereits auf uns.

„Kastenträger". Linolschnitt des ehemaligen luxemburgischen Häftlings Albert Kaiser. Quelle Centre de Récherches et des Documentation sur la Résistance, Luxembourg

Nach dem Mittagessen hatten wir zehn Minuten Pause, die wir an den Tischen unserer Stube verbringen mussten. Viele von uns fielen aufrecht sitzend in den Schlaf – die Arme in der vorgeschriebenen Art und Weise verschränkt. Minuten später ertönten die Pfiffe, und das Geschrei begann erneut. Es war Zeit, wieder auf das Feld zurückzukehren, wo wir Steine brachen, Tragekisten schleppten und die Steine in kleinere Splitter zerteilten – all dies mit nur einem dreiviertel Liter einer dünnen Wassersuppe in unseren Mägen.

An diesem Nachmittag arbeiteten Maurice und ich in einem großen Loch, in dem sich ein riesiger Wurzelstock einer 60-jährigen Ulme befand. Wir mussten die Wurzel freigraben, um sie vom Boden zu lösen. Als die Kapos dachten, dass wir die Wurzel genügend freigegraben hätten, rief man nach dem Bauern. Dieser kam mit zwei Belgischen Pferden, die er an die Wurzeln mit einer langen Eisenkette festkettete. Der Bauer versuchte die Pferde dazu zu bewegen, den Stumpf aus dem Boden zu reißen, aber die Pferde waren dazu nicht im Stande. Die SS und Kapos wurden furchtbar wütend und gaben uns die Schuld für das Missgeschick der Pferde. Sie schlugen und traten nach jedem in ihrer Reichweite, dann drückten sie uns in das Loch zurück und befahlen uns, noch tiefer zu graben. Als sie das Gefühl hatten, dass wir dieses Mal tief genug gegraben hätten, verlangten sie von uns, den Stumpf mit der Eisenkette herauszuziehen. Wir versuchten alles, scheiterten jedoch bei dem Versuch, den Stumpf zu bewegen, sodass die Sadisten noch brutaler wurden. Erneut sprangen wir in das Loch und zerhackten den Stumpf, aber dieses Mal lag die Pfahlwurzel frei und war durchtrennt. So konnten die Pferde leicht den riesigen Stumpf aus dem Boden ziehen. Unglücklicherweise gab es noch viele Baumwurzeln auf diesem Feld. Maurice und ich erlebten noch eine weitere Schicht mit Hammer und Meißel, gefolgt von einer neuen Runde mit den Tragekisten. Schließlich hörten wir Trillerpfeifen, und die Stimme des Lautsprechers befahl uns, die Arbeit einzustellen. Wir hatten den ersten Arbeitstag überstanden, aber es war offensichtlich, dass wir unter diesen Bedingungen und Hungerrationen nicht mehr viele Tage durchhalten würden. Nach unserem ersten Arbeitstag wuschen wir uns und schüttelten den Dreck aus den Klamotten, setzten uns dann hin und warteten auf die Kohlrübensuppe. Die Zutaten unterschieden sich nicht von denen am Abend zuvor, aber Maurice und ich hatten Brot beiseitegelegt, das ein bisschen dabei half, wenigstens ein kleines Loch in unseren leeren Mägen zu füllen. Nachdem wir gegessen hatten, nahmen wir noch an einem kompletten Appell auf dem Appellplatz teil. Dieser dauerte länger als gewöhnlich, da der Lagerkommandant und sein Hund anwesend waren. Seine Anwesenheit veranlasste die SS noch mehr von uns fordern, und sie brüllten: „Achtung! Augen links! Mützen ab! Mützen auf!" Als Sporrenberg mit dieser teuflischen Demonstration zufrieden schien, schlenderte er lässig mit seinem Hund davon. Wir mussten mehrere Male um den Appellplatz rennen, während Napoleon (alias Heinrich) voll in seinem Element war. Er ließ nicht eher von uns ab, bis wir eine lückenlose Einheit waren. Es wurde zu einem wahren Inferno, das genauso schnell aufhörte, wie es begonnen hatte, weil Napoleon, der sich zweifellos langweilte, abrupt den Appellplatz verließ.

Zurück an den Tischen schaute ich Maurice an und entschuldigte mich dafür, dass ich mitverantwortlich für seine Verhaftung gewesen war. Er versicherte mir, dass ich ihn nicht gezwungen hatte und er aus freiem Willen bei unserem Fluchtversuch dabei gewesen war. Seine Worte beruhigten mich nicht wirklich, weil irgendetwas mir sagte, dass Maurice der Gewalt und den Schlägen nicht lange standhalten würde. Er hatte bereits enorm an Gewicht verloren und war schnell erschöpft. Des Weiteren schien es mir, also ob er nicht wirklich erfassen konnte, was um uns gerade passierte, denn er schüttelte ständig seinen Kopf hin und her und stellte sich selbst Fragen wie: „Wo bin ich? Was habe ich getan, dass ich solch ein Schicksal verdiene? Werde ich hier jemals rauskommen?" Als ich ihn so reden hörte, erinnerte ich ihn an die Worte des luxemburgischen Stubenältesten. Aber er sagte dann wie gewöhnlich: „Es bringt nichts, Peter. Ich kann nicht vergessen. Ich mache mir Gedanken, wie Pop [38] das wegsteckt." Gewöhnlich konnte ich ihn aufheitern, indem ich zu ihm sagte, dass Pop denken wird, er sei ein „verdammter Held", und normalerweise löste dies ein leichtes Grinsen bei ihm aus.

d) Zwangsarbeit und Fortgang aus Hinzert

Sonntag, der 21. Juni (1942) war ein leuchtender Sommertag. Trotzdem gab es Aufgaben im Lager, die zu erledigen waren. Für diese Arbeiten wählte man etwa 50 Gefangene während des Morgenappells aus. Die Hauptarbeit, die von etwa einem Dutzend Männer ausgeführt wurde, die mit Weidebesen ausgestattet waren, bestand darin, den Dreck auf dem Appellplatz zusammenzufegen. Maurice und mich teilte man an diesem Sonntag zu keiner Arbeit ein. Und nachdem wir durch das Spalier der Kapos gerannt waren, setzten wir uns an den Tisch in unserer Stube, wo wir mir Freunden ein Schwätzchen hielten.

Es war ein angenehmes Zwischenspiel zu Dantes Inferno. Während wir auf unser Morgenbrot und den Kaffee warteten, gab es keine Schreie oder Gebrüll, was ein guter Start in den Tag war. Wir wussten jedoch, dass sich das schlagartig ändern konnte, wenn der Läuseappell begann. Nach dem Frühstück kam Gaston Mertens zu uns, der Luxemburger, der bereits bei unserer Ankunft an unserem ersten Tag im Lager für Maurice übersetzt hatte, und nahm uns mit in seinen Raum, wo bereits viele neugierige Luxemburger darauf warteten, die Umstände unserer Verhaftung zu hören und wie wir nach Hinzert gekommen waren. Als wir ihnen unsere Geschichte berichtet hatten, erzählten die Luxemburger im Gegenzug, wie Deutschland Luxemburg als Teil des „Dritten Reiches" annektiert hatte und sie der deutschen Rechtsprechung zuordnete, die die Einberufung (der Luxemburger) in die Wehrmacht vorsah. Offensichtlich erwarteten die Deutschen, dass die Luxemburger ihnen dankbar wären. Aber die meisten verabscheuten die Deutschen, und so widersetzten sie sich der Zwangsgermanisierung ihres schönen kleinen Ländchens.

Der luxemburgische Widerstand begann unmittelbar nach der deutschen Annektierung. Und es sollte nicht lange dauern, bis auch die Gestapo mitmischte und Hunderte von jungen Luxemburgern verhaftete. Man erzählte uns, dass es verboten war, Französisch zu sprechen, und auch das Tragen der Baskenmütze wurde untersagt, denn die Deutschen werteten dies als Schlag ins Gesicht, wollten sie doch alle französischen Kultureinflüsse in Luxemburg unterbinden. Gaston war verhaftet worden, weil er zeigte, dass er die deutsche Vorherrschaft in seinem Land ablehnte. Er wurde mit dem LKW direkt nach Hinzert gebracht. Wie er selbst sagte, war es sehr wahrscheinlich, dass er dort für die Dauer des Krieges gefangen wäre; es sei denn, er würde sich den Forderungen der Deutschen unterwerfen und ein guter Deutscher werden. Uns wurde Hauptmann J. vorgestellt, ein Offizier aus der kleinen luxemburgischen Armee. Er sagte, er sei der Adjutant des luxemburgischen Armeestabschefs gewesen. Er wurde nach Hinzert verschleppt, weil auch er sich geweigert hatte, mit den Deutschen zu kollaborieren. Hauptmann J., ein großer, ruhiger Mann, interessierte sich für unsere Geschichte. Und nachdem wir extra für ihn unsere Geschichte wiederholt hatten, sagte er zu uns, dass wir jederzeit die Luxemburger um Hilfe rufen könnten. Der Hauptmann arbeitete im Krankenrevier und war aufgrund dieses Postens in der Lage zu wissen, was gerade im Lager passierte, denn sein Chef Brendel war Alkoholiker und war nach dem Saufen seiner morgend- und mittäglichen Ration Schnaps und Bier nicht mehr in der Lage, Geheimnisse für sich zu behalten. Der Hauptmann fuhr fort, Brendel bestehe manchmal darauf, kleinere chirurgische Eingriffe an Häftlingen selbst durchzuführen, obwohl er gar nicht die Qualifikation dazu habe. Er gab uns den guten Rat, sich von dem Krankenrevier fernzuhalten, wenn man nicht wirklich ernsthaft erkrankt sei. Es sagte ebenso, dass Häftlinge im Falle einer schwerwiegenden Verletzung oder Erkrankung in ein von Nonnen geführtes deutsches Hospital in Hermeskeil [39] gebracht würden, dessen Direktor Dr. Theophil Hackethal war, und der – theoretisch gesehen – auch der Lagerarzt von Hinzert war. Berichte über das Hermeskeiler Krankenhaus erwähnen immer wieder, wie tüchtig und mitfühlend die Nonnen dort die Kranken pflegten. Und so gelang es ihnen von Zeit zu Zeit, die Regenerationsphase in die Länge zu ziehen, um den ausgemergelten Häftlingen wieder ein bisschen Fleisch auf die Rippen zu bringen. Falls Dr. Hackethal in Hinzert anwesend war, galt er nicht als allzu mitfühlend und gewährte den kranken Häftlingen nur sehr kurze Erholungsphasen. Der Hauptmann fügte hinzu, dass die meisten SS-Männer es ohnehin bevorzugen würden, die Dienste der fähigen französischen Häftlingsärzte in Anspruch zu nehmen anstatt der des Quacksalbers Hackethal.

Einige Luxemburger hatten bereits mehrere Wochen im „Lagergefängnis" (auch Bunker genannt) verbracht, wo die Lebensbedingungen besonders hart waren. Die Gefängniszellen wurden verdunkelt, und die dort Inhaftierten bekamen vier Tage lang nur Brot und Wasser und ab dem fünften Tag wieder die „normale" Kost des Lagers. Sie konnten mit den anderen nicht kommunizieren, und das Einzige, was sie sahen, waren SS und Kapos.

Wandeinritzungen im sogenannten „Bunker". Quelle: Centre de Recherches et des Documentation sur la Résistance, Luxembourg

Gaston erwähnte ebenfalls, dass es ein ständiges Büro der Gestapo im Lager [40] gab; dieses befand sich westlich der Kantine, allerdings wurde es nur genutzt, wenn die Gestapo aus Trier kam. Schließlich wurden wir daran erinnert, dass die Zeit gekommen war, zurück zur Stube zu gehen und sich auf den Läuseappell vorzubereiten.

Jetzt waren wir an der Reihe gedemütigt zu werden. Wir rannten nackt entlang der üblichen Reihe aus Knüppel schwingenden Kapos vor das Krankenrevier, wo Napoleon, Joseph Brendel, und drei Kapos der ehemaligen Fremdenlegion warteten. Wir mussten uns auf Hocker stellen, die Beine spreizen und die Arme über den Kopf halten, während Brendel und seine Helfer, die auf Stühlen saßen, die Achselhöhlen, Geschlechtsteil und Hinterteil inspizierten. Alle vier benutzten dazu lange, dünne Stöcke, mit denen sie die Geschlechtsteile anhoben. Und wenn sie zufrieden schienen, dass wir keine Läuse hatten, erhielten wir einen „scherzhaften" Hieb auf das Geschlechtsteil, bevor man uns erlaubte, vom Hocker zu steigen. Die Lauskontrolle schien diesen Perversen den Tag zu versüßen, denn sie lachten die meiste Zeit, während sie ihrer entwürdigenden Arbeit nachgingen.

Brendels Vokabular war widerwärtig, seine Kontrollen waren extrem grob, und Napoleon stand einfach in seiner für ihn typischen Haltung da und schien über die Prozedur äußerst erfreut zu sein. Glücklicherweise wurden keine Läuse gefunden, aber unser Blockführer Pammer ließ uns in eine Reihe treten und befahl uns, solange zu warten, bis der gesamte Block abgefertigt war.

Während wir im angenehmen Sonnenschein standen, konnte ich gut Maurice´ nackten Körper sehen. Seine Rippen und Schultern waren skelettartig – in Wirklichkeit war er noch ausgemergelter als die meisten um ihn herum. Ich konnte nicht wirklich verstehen, weshalb er so dramatisch an Gewicht verloren hatte. Wenn ich allerdings die anderen, die mit uns aus Paris (Fresnes) kamen, sah, so hatten auch sie enorm an Gewicht verloren, aber keiner so viel wie Maurice. Unterernährung und die Kräfte zehrende Arbeit hatten unsere Körper in nur wenigen Wochen zugrundegerichtet.

Ich mochte die Sonnenstrahlen, da sie meinen Körper wärmten, und ich hoffte, noch einige Minuten in der Sonne verweilen zu können, aber Pammer hatte andere Ideen. Es war Zeit für die sonntäglichen Übungen, deren Zeugen wir bereits am vorausgegangenen Sonntag von der Quarantäne aus gewesen waren. Trotzdem waren wir völlig unvorbereitet auf das, was nun kam. Pammer ließ uns um den Appellplatz rennen, was barfüßig sehr schwer war. Als wir liefen, sahen wir etwa zwanzig Männer und Frauen auf der schmalen Straße außerhalb des Lagers stehen. Sie waren ganz offensichtlich Zeugen des Entlausungsprozesses gewesen und schauten nun der „Olympiade der Nackten" zu. Den Anzügen der Männer und der geblümten Kleidung der Frauen nach zu urteilen, hätten sie auf dem Weg zur Kirche sein können. Ich nahm an, sie nahmen uns als Untermenschen wahr, so skelettartig und völlig ohne Haare, wie wir waren, als ihre Augen auf unseren nackten Körpern klebten, kaum fünfzig Fuß von uns entfernt. Da gab es einen Ausbruch an Gelächter, als Pammer uns zum „Froschgang" zwang: „Runter mit eurem Hintern! Springt vorwärts! Runter mit eurem Hintern! Springt vorwärts! Quakt wie Frösche! Springt vorwärts! Springt höher! Von Fröschen nimmt man an, dass sie gut springen!" Er freute sich wirklich über sich selbst, von Zeit zu Zeit warf er Blicke über seine Schulter, um sein Publikum zu sehen, unter dem sich auch junge Mädchen befanden, die sich an unserer Erniedrigung erfreuten. Schließlich begann Pammer sich zu langweilen. Er hieß uns, in unsere Stuben kehrtzumachen, und zum ersten Mal waren keine Kapos da, die uns auf dem Laufsteg schlugen.

Das Bild stammt von einem bislang Unbekannten. Der für die Häftlinge entwürdigende Läuseappell wird auch von zahlreichen anderen Häftlingen beschrieben (u.a. Mathias Barbel aus Luxemburg [41] oder Maurice Coezard aus Frankreich, vgl. de La Martinière, S. 94) Quelle: Centre de Recherches et des Documentation sur la Résistance, Luxembourg

Zurück in unserer Stube wies uns der Stubenälteste an, unsere Handtücher für die wöchentliche Dusche zu holen, was alles andere als komfortabel war, denn dem kleinen belgische Duschkapo schien es eine Freude zu machen, das Wasser eiskalt oder kochend heiß zu drehen, und gelegentlich drehte dieser kleine Sadist das Wasser ab, während wir uns gerade einseiften. Trotzdem machte dies keinen nennenswerten Unterschied, denn die Seife schäumte nicht, aber sie hinterließ braunen Schleim und groben Sand auf unseren Körpern.

Für den Rest des Tages saßen wir in unseren Stuben, oder wir besuchten unsere Freunde in Stube 1, wo wir etwas über ihre Heimatstädte und Provinzen erfuhren, auf die sie so stolz waren. Der Sonntag war eine willkommene Pause für Maurice, denn er konnte dann seine englisch sprechenden Freunde aus den Niederlanden und Luxemburg besuchen. Der Sonntag war zugleich auch ein Tag, um Wunden zu heilen, wenn Schnittwunden und Blutergüsse wenigstens ein paar Stunden lang heilen konnten.

Montag, der 22. Juni, begann wieder in der gewohnten Art und Weise: Trillerpfeifen, Gebrüll, kläffende Hunde und Schreie jener, die gerade verdroschen wurden. Die Geräusche nahmen während des täglichen Appells zu. (Der Appell war die Methode der SS, die Appellstärke (Anzahl der angetretenen Häftlinge) festzustellen). Unglücklicherweise warteten während jedes Appells brutale Kapos entlang der Laufstege. Diese wurden durch deutsche Kriminelle und frühere Fremdenlegionäre ergänzt, von denen sich alle durch ihre brutale Arbeit ihren Weg in die Waffen-SS oder die Deutsche Wehrmacht erdienten. Ihr Verhalten wurde durch ihre Herren weiter gesteigert. Und wenn diese das Gefühl hatten, die Kapos hätten die ihnen aufgetragene Arbeit effizient umgesetzt, dann hatten diese Schlägertypen ein gute Chance, Hinzert zu verlassen, denn es gab keine zeitliche Begrenzung, was ihren Aufenthalt im Lager betraf.

Das Lager Hinzert besaß drei große, schwere Pferdegespanne: eins mit Luftbereifung und die anderen beiden mit Stahlrädern. Der Wagen, der dafür verwendet wurde, die Kohle am Reinsfelder Bahnhof abzuholen, besaß vorne eine lange Deichsel, an die man normalerweise zwei Pferde angespannt hätte. Vorne befand sich ein kleines eisernes Rad auf dem Fahrersitz, das, wenn man es drehte, die Vorderräder des Wagens bremste. Die Franzosen hatten schon einen Namen dafür gefunden und nannten es „la charette" (der Wagen), und an diesem Montag sollten wir Bekanntschaft damit machen, als Maurice und sechzehn andere junge Kerle für das berüchtigte „Kohlenkommando" ausgewählt wurden.

„la charette"– das Wagenkommando – Zeichnung Jean Daligault. Quelle: Musée de la Résistance et de la Déportation, Besançon

Die Kohle in Reinsfeld war im Grunde genommen Brikett – rechteckig geformte Stücke, von denen jedes ein halbes Kilo wog und die von der Firma „Union" hergestellt wurden, was auch auf der Prägung der einzelnen Stücke zu lesen war. Der Bahnhof in Reinsfeld lag ca. 3 Kilometer vom Lager entfernt, und man erwartete von uns, dass wir vier Fuhren pro Tag machten, was eine Gesamtlänge von ungefähr 24 Kilometer bedeutete, die wir zudem im Laufschritt mit unseren Holzpantinen zurücklegen mussten. Ebenso sollten wir die Kohle auf den Wagen be- und entladen. Wir hatten von früher nach Hinzert deportierten französischen Häftlingen gehört, dass das „charette" ein extrem anstrengendes und kräftezehrendes Kommando war, denn entlang der Route nach Reinsfeld gab es mehrere Steigungen, und wir waren bereits durch unsere Ankunft in Reinsfeld und unseren Marsch ins Lager vorgewarnt. Während wir uns um den Wagen aufstellen mussten, wurde Maurice' alter Erzfeind André Callaux zum Kapo für dieses Kommando bestimmt. Allerdings lag die gesamt Befehlsgewalt dieses Kommandos auf einem kriegsversehrten SS-Mann mittleren Alters. Callaux starrte Maurice an, fuchtelte mit seinem Knüppel herum und schob ihn ins Gesicht von Maurice, während er ihn anfauchte: „Wie ich sehe, bist auch du dabei, Churchill. Willkommen bei meinem Kohlekommando!"

Auf dem Weg aus dem Lager mussten zwei Häftlinge die Kontrolle über die lange Achse des Wagens übernehmen. Zwei andere schoben von hinten, und jeweils ein Gefangener war an einem der Räder. Den übrigen Gefangenen befahl man, in den Wagen zu steigen, wo sich jede Menge Kohleschaufeln befanden. Der SS-Mann saß auf dem vorderen Sitz, von wo er die Bremse kontrollieren konnte, während Callaux hinter dem Wagen lief, um zu überprüfen, dass keiner bummelte. Der französische Verräter brüllte: „Les mains dessus! La main d'sus!" (Los, packt an! Hochhieven!) – damit wollte er bei seinen SS-Herren Eindruck schinden.

Unsere Route führte über eine schmale, geschotterte Landstraße, und schon zu Beginn fielen uns die Holzpantinen von den Füßen. Jene, die stoppten, um sie wieder aufzulesen, wurden von Callaux, der voll in seinem Element war, in ihre vorherigen Positionen zurückgeprügelt. Als Maurice eine seiner Holzpantinen verlor und er den Weg vom Wagen zurückging, um sie aufzulesen, sah Callaux seine Chance gekommen und stürzte sich auf ihn. Er schlug Maurice mit seinem hölzernen Knüppel auf den Kopf und die Schultern, während er gleichzeitig brüllte: „Ich werde dieses dreckige englische Schwein töten." Maurice versuchte alles, um sein Gesicht und die Geschlechtsteile zu schützen, aber Callaux war schnell und ging methodisch vor und verletzte Maurice erheblich, der zusammengekauert mitten auf der Straße lag. Glücklicherweise stoppte der SS-Mann den Wagen, um nachzusehen, was passiert war. Maurice hielt seinen Holzschuh nach oben, um zu zeigen, dass er ihn verloren hatte. Aber Callaux sagte dem SS-Mann in gebrochenem Deutsch, Maurice hätte versucht zu fliehen. Der SS-Mann hatte wohl grob verstanden, was Callaux ihm mitteilte, und griff zum Pistolenhalfter. Ich war außerstande, mich länger zurückzuhalten, und fragte auf Deutsch, ob ich die Erlaubnis hätte, mich äußern zu dürfen. Als mir dies gewährt wurde, sagte ich leise, dass Maurice, seine Holzpantinen verloren hatte und dass er nur zurückgerannt war, um sie aufzuheben. Ich sagte dem SS-Mann ebenfalls, er könne die anderen Häftlinge fragen. Aber anscheinend glaubte er mir, denn er hatte schon zweifelsohne viele verloren gegangene Holzschuhe gesehen. Er befahl Maurice, zum Wagenkommando zurückzukehren, und knurrte Callaux an, er solle seinen Job anständig machen, sonst würde er ihn durch einen anderen Kapo ersetzen.

Es wäre denkbar gewesen, dass der SS-Mann Maurice auf der Stelle erschossen hätte, falls er Callaux geglaubt hätte. Ich hoffte, er würde vergessen, dass ich gerade deutsch gesprochen hatte.

Nachdem Maurice wieder seine frühere Position eingenommen hatte, ging die Fahrt Richtung Reinsfeld weiter. Entlang des Weges fauchte mich Callaux an: „Dich werde ich auch noch kriegen, Engländer!" Ich zischte zurück: „Und ich werde sicherstellen, dass eines Tages mit dir abgerechnet wird. Wenn du nachts zum Pinkeln gehst, dann schau über deine Schulter!" Dies brachte den Feigling Callaux zum Verstummen. Er wandte sich von uns ab und schrie: „Los, Hände hoch!" Dies wurde dann sein Spitzname.

Ich schaute zu Maurice hinüber und konnte erkennen, dass sein Gesicht fürchterlich verletzt und seine untere Lippe tief eingerissen war. Und während er sich das Blut von den Lippen wusch, schlenderte Callaux zu ihm rüber und sagte zu ihm: „Ich werde dafür sorgen, dass du dir gewünscht hättest, niemals geboren worden zu sein." Ich schnauzte zurück: „Ich werde dabei zusehen, wie sie dich nach dem Krieg einen Kopf kürzer machen. Und wenn dich deine Landsleute nicht erwischen, dann schwöre ich, dass ich es tue." Meine Worte schienen Callaux dazu zu bringen, Maurice für eine Weile in Ruhe zu lassen, obgleich er bereits erneut damit fortfuhr, seinen abscheulichen Charakter an anderen Häftlingen auszulassen.

Als wir die erste Spitze eines Hügels erreichten und es dann die Straße bergab ging, betätigte der SS-Mann mit Absicht nicht die Bremse. Stattdessen ließ er den Wagen einfach rollen. Der Wagen hatte rasch einen enormen Schwung bekommen, was es für die zwei Männer an der Deichsel wahnsinnig schwer machte, den Wagen zu kontrollieren.

Dennoch schafften wir es gemeinsam mit anderen Häftlingen, die an den Rädern und Seiten zerrten, den Wagen abzubremsen. Nicht unerwartet, brüllte der SS-Mann vor Lachen, während er so tat, als hätte er eine Pferdepeitsche, mit der er die führenden Pferde schlug. Sein deutscher Humor fand diese Situation äußerst amüsant. Während wir den Hügel herunterkamen, verloren mehrere Häftlinge ihre Holzpantinen, und Callaux war wieder voll in seinem Element. Der SS-Mann wusste, was da gerade passierte, entschied sich aber dafür, dies zu ignorieren, denn er wollte ja nicht jedes Mal den Wagen anhalten, wenn ein Häftling seinen Holzschuh verlor.

Schließlich, als wir Reinsfeld erreichten, standen zwei volle Kohlewagen am Bahnsteig, die mit den Zeichen der französischen Bahn (SNCF) bedruckt waren. Man händigte uns lange Forken aus und befahl uns, den Wagen zu befüllen. Da wir beim Beladen nicht alle gebraucht waren, wies man einige von uns an, den Müll auf dem Bahnsteig und zwischen den Gleisen aufzusammeln. Nachdem der Wagen mit ca. zwei Tonnen Briketts voll war, begann der Weg zurück zum Lager, wohl wissend, dass wir noch drei Fahrten vor uns hatten. Die Arbeit auf dem Feld war anstrengend, aber das Wagenkommando zehrte unsere Kräfte beinahe doppelt so schnell auf. Auf dem Rückweg bestimmte Callaux, dass Maurice und ich die Rolle der Pferde an der Achse übernehmen sollten, während die restlichen Gefangenen die Anweisung erhielten, bergauf zu schieben und den Wagen bergab zurückzuhalten. Der SS-Mann, der uns eigentlich helfen sollte, indem er die Bremse betätigte, hatte dummerweise wieder seine Spielchen im Sinn. Er benutzte die Bremse so gut wie gar nicht und machte es uns fast unmöglich, den Wagen zu lenken. Maurice hatte seine Holzschuhe verloren und rannte jetzt barfuß, denn er wollte nicht wieder mit ihm zusammenrasseln. Als wir das Lager erreichten, waren seine Füße eingerissen und bluteten, und die Schwellungen in seinem Gesicht verfärbten sich schwarz. Callaux, und das steht eindeutig fest, trug die Verantwortung dafür!

Als wir beim Kohleschuppen des Lagers ankamen, erhielt unser Kommando Unterstützung von anderen Häftlingen, die rasch die Briketts entluden und sie dann Stück für Stück ordentlich im Kohleschuppen stapelten. Bevor wir das Lager für die zweite Fuhre verließen, gab einer der Franzosen Maurice ein Stück Seil, sodass dieser seine Holzpantinen festbinden konnte. Wir machten an diesem Morgen noch eine weitere Tour. Und nachdem der Wagen entladen war, schickte man uns in unsere Baracke zurück, wo wir uns für den Mittagsappell wuschen. Es hatte sich wirklich gar nichts verändert: Wir wurden wieder in der Kantine verprügelt, in der wir wieder die gleiche Plörre unter den gleichen abscheulichen Bedingungen vorgesetzt bekamen, und beim Hinausgehen forderten SS und Kapos erneut einen schrecklichen Tribut. Am Nachmittag gab es wieder zwei Touren nach Reinsfeld, und bei beiden richtete Callaux sein grausames Augenmerk auf Maurice, den er hinten am Wagen einsetzte. Ich musste beim Hin- und Rückmarsch an die Achse, sodass ich Maurice nicht sehen konnte und auch nicht im Stande war, ihm zu helfen. Beim letzten Weg zurück war Maurice dermaßen zerschlagen, dass er nicht mehr weitergehen konnte. Daher fragte ich den SS-Mann, bevor wir Reinsfeld verließen, um Erlaubnis, ob sich Maurice oben auf die Kohlen setzen könne. Der SS-Mann zuckte kurz, aber er stimmte zu, und so wurde der halb bewusstlose Maurice oben auf die Kohle gesetzt, während Callaux brüllte: „Du siehst, Churchill! Ich halte meine Versprechungen immer!" Ich kochte vor Wut, konnte aber nichts dagegen machen, denn ich war zu sehr damit beschäftigt, den Wagen auf der Straße zu halten. Aber meine Blicke mussten Callaux irgendetwas gesagt haben. Nachdem das Wagenkommando schließlich wieder zum Kohleschuppen kam, wurde Maurice vorsichtig herabgehoben und an eines der Wagenräder gelehnt. Während ich sein Gesicht reinigte, hörte ich hinter mir nicht den brüllenden Wipf, allerdings spürte ich einen fürchterlichen Schlag in mein Genick, der mich Tausende Sternchen und Lichtblitze sehen ließ.

„Was machst du denn da, Engländer?", fragte Wipf. „Sir, ich schaue nur nach meinem Freund, der von Callaux fürchterlich verprügelt wurde", antwortete ich. Wipf rief Callaux zu sich rüber und fragte ihn, was vorgefallen war. Dieser Verräter erzählte, Maurice habe fliehen wollen. Jedoch verneinte der SS-Mann diese Aussage und erzählte, dass Maurice seinen

Holzschuh verloren hatte, als Callaux sich auf ihn stürzte. Er sagte auch, er habe persönlich nichts mit den Schlägen, die Maurice bekam, zu tun, denn er war vorne, steuerte den Wagen und hatte von all dem nichts mitbekommen. Wipf sagte nichts, er wies zwei Männer an, Maurice in die Krankenbaracke zu bringen. Als wir dort ankamen, befahl uns ein Krankenpfleger, Maurice auszuziehen, denn die Gefangenen, die das (Kranken-) Revier aufsuchten, waren desöfteren nackt, selbst wenn sie nur einfach Zahnschmerzen hatten – so lautete die Anordnung von Josef Brendel, einem ehemaligen Maurer und aktueller Leiter des Krankenreviers.

Maurice ohne Kleidung zu sehen, war ein fürchterlicher Anblick. Seine Hände, Gesicht und Hals waren schwarz durch den Kohlenstaub, und der Rest seines Körpers war grün und blau durch Callaux' Schläge. Ein französischer Arzt kam, um sich Maurice anzusehen, aber er schickte ihn zu den Duschen, um das ganze Ausmaß seiner Verletzungen zu untersuchen.

Als Brendel den Tumult aus dem Vorzimmer hörte, reckte er seinen Kopf aus seinem Büro, beurteilte die Lage und beschuldigte Maurice, er sei ein „ein Simulant, Saboteur und dreckiges englisches Schwein."

Kaum hatte er die letzten Worte ausgesprochen, schlug er Maurice ins Gesicht und trat dann mit seinen Reitstiefeln auf dessen nackte Zehen. Er drehte sich um und sagte zu dem französischen Arzt: „Mach das Schwein sauber und schaffe ihn dann hier raus!" Brendel, der uns buchstäblich aus seinem „sauberen Revier" hinaustrat, befahl uns, zurück zu unserer Baracke zu gehen.

Zurück in der Stube, hatten unsere bretonischen Freunde unsere Suppenteller, wie ihren Augapfel bewacht. Ich nahm meinen und trank vom Rand des Tellers – die SS-Manieren hatte ich kurzzeitig vergessen. Dann ging ich in den Waschraum, zog mich aus und säuberte meinen Körper von dem ganzen Kohlenstaub.

Maurice humpelte etwa eine Stunde später in die Baracke, setzte sich und aß seine kalte Suppe. Man gab ihm ein Schriftstück, das ihn zwei Tage von der Arbeit befreite. Das Dokument galt nicht für die Appelle, aber es erlaubte ihm, in der Stube zu bleiben und diese sauber zu machen. Wir tauschten unsere Schlafkojen während der Schlafenszeit, weil Maurice nicht in der Lage war, sein Bein hoch genug zu bekommen, um in die oberste Koje zu steigen. Als er sich ausgezogen hatte, zeigte er mir seine Beulen. Es gab jede Menge davon, und viele sahen entzündet und rot aus.

Ich war in dieser Nacht nicht in der Lage zu schlafen. Meine Denkweise war voll auf Vergeltung ausgerichtet. Ich dachte mir alle nur möglichen Folterqualen für Callaux aus und war in Gedanken immer noch bei ihnen, als Trillerpfeifen, Schreie, Lautsprecher und bellende Hunde in Erinnerung riefen, dass es wieder an der Zeit war, aufzustehen und einen neuen Tag durchzustehen.

Wieder war ich dem Kohlekommando zugeteilt, und während ich meine Position an einem der Wagenräder einnahm, stürmte Callaux zu mir rüber und brüllte: „Wo ist diese Sau Churchill?" „Er ist von der Arbeit freigestellt, aufgrund der Prügel, die er von dir bekommen hat, Callaux. Aber sei sicher, dass du dafür bezahlen wirst", schnauzte ich zurück.
„Halt dein Maul! Ich warte nur darauf, bis er wieder da ist. Ich werde dafür sorgen, dass er nie wieder laufen wird", knurrte er zurück. „Du bringst uns wohl besser alle um, denn irgendwann werden wir dich kriegen", fauchte ich. „Huch", grunzte er. „Nix huch! Das ist die Wahrheit. Du kannst uns nicht alle umbringen, und sei versichert, wenn ich hier rauskomme, werde ich dich bis an das Ende meiner Tage suchen." „Huch!", schnaubte dieser Verräter erneut. „Genauso werden meine Freunde dies auch tun", sagte Guy, mein damaliger bretonischer Freund. „Peter hat Recht. Du kannst uns nicht alle umbringen. Nach dem Krieg werden wir uns an dich erinnern. Dein Tag wird kommen! Das verspreche ich dir!" „Haltet die Klappe! Vorwärts! Schiebt ihr, Schweine!" Dann waren wir wieder auf dem Weg nach Reinsfeld, um eine neue Ladung Kohle aufzuladen.

An diesem Mittag, als ich gerade meine Suppe gegessen hatte, hörte ich den Lautsprecher verkünden: „Nummer 4374, ins Büro!"

Ich schnappte mir meine Mütze und rannte los. Ich dachte, man würde nach mir verlangen, weil mich Callaux verpfiffen und ich ihm gedroht hatte. Allerdings, als ich dort ankam, wartete Wipf bereits auf mich. Er deutete mit seinem Finger an, dass ich ihm zu der Kleiderkammer folgen sollte, wo er mich fragte, welche Schuhgröße Maurice habe. Ich antwortete, er habe Größe 12, musste aber noch schnell auf die gängige kontinentaleuropäische Größe umrechnen. Er sagte dann zu dem Häftling in der Kleiderkammer, er solle ihm ein paar gute Lederstiefel geben. Und nachdem er sie inspiziert hatte, gab er dem Mann ein Päckchen mit deutschen Zigaretten. Außerhalb der Kleiderkammer gab mir Wipf einen Schlag auf den Rücken und wies mich an, niemandem von den Stiefeln zu erzählen.

Ich rannte aus der Baracke raus, drehte meinen Kopf nach links und nach rechts, denn ich musste vor den vorbeigehenden SS-Männern salutieren. Ich war so froh über Maurice´ neue Stiefel, dass ich Oberscharführer Georg Klein nicht sah, der hinter einer Baracke herausgekommen war. Er verabreichte mir einen gewaltigen Schlag auf den Kopf, weil ich nicht schnell genug vor ihm salutiert hatte, aber in dem Moment war ich noch zu begeistert, um den Schlag zu spüren.

Als ich Maurice die Stiefel gab, grinste er, verzog aber vor Schmerz das Gesicht und fragte: „Wo hast du die her? Hast du sie ehrlich erworben?" „Tut mir leid, ich kann dir nichts sagen, aber du musst mir glauben, dass ich sie auf ehrliche Weise bekommen habe." Ich war mir darüber im Klaren, dass Maurice die Stiefel nicht akzeptiert hätte, wenn ich sie gestohlen hätte. Einige unserer Freunde kamen zu uns rüber und bewunderten Maurices Stiefel. Wir freuten uns für ihn, denn die Stiefel bedeuteten, dass es weniger Möglichkeiten für Callaux gab, Maurice während des Wagenkommandos zu schlagen.

Am darauf folgenden Abend, nachdem ich mich gewaschen, gegessen und den Abendappell mitgemacht hatte, ließ mich Wipf zu sich kommen. In seinem Büro bot er mir einen Stuhl und eine Zigarette an, die ich aber ablehnte. Er begann mir zu erzählen: „Ich möchte, dass du weißt, dass ich kein schlechter Mensch bin. Ich muss mich so verhalten, wie ich es tue, um mir meine Freiheit zu verdienen. Ich war in der Fremdenlegion, als Rommels Truppen nach Afrika einmarschiert sind, und man brachte mich hierher zurück, um mich zu erziehen, genau wie all die anderen Fremdenlegionäre im Lager [43]. Ich muss mir meinen Weg aus dem Lager verdienen. Verstehst du, was ich dir da gerade sagte?"

„Ich verstehe, Kapo Wipf, und ich weiß, dass viele von uns Dinge tun müssen, die wir nicht gerne machen." Ich hasste mich dafür, ihm dies zu sagen, und hätte mir beinahe die Zunge herausgeschnitten. Und dennoch war es diese Erniedrigung wert, denn Maurice hatte jetzt ordentliche Stiefel. Außerdem war ich nicht in der Position, mich mit Wipf zu streiten, der, so hatte es zumindest den Anschein, das Lager im Alleingang führte. Er hatte Maurice ein paar Stiefel organisiert, und ich vermutete, dass er bewusst über unsere Köpfe geschlagen hatte, während wir aus der Kantine in unsere Baracken rannten. Ich hatte den heimlichen Verdacht, dass er dies deshalb tat, weil er in Sporrenbergs Büro mitgehört hatte, dass wir Briten waren.

Meine Antwort schien Wipf zu erfreuen, denn er lächelte und fuhr dann leise fort: „Ich hasse Nazis! Ich bin Schweizer, kein Deutscher, aber ich habe die Absicht, hier wieder herauszukommen, denn ich liebe mein Leben. In der Legion lernten wir, die Leben anderer nicht zu respektieren. Und hier kümmere ich mich nur um mich, denn wenn ich das nicht täte, gäbe es wohl einen französischen Kapo oder jemand anderes, der mich schlagen würde. Jetzt geh' wieder zurück in deine Baracke und halte ja deine Klappe! Ich werde ein Auge auf dich und deinen Freund werfen, wenn ich kann. Denk daran, verliere kein Wort darüber, sonst wird das zu schlimm für dich und deinen Freund enden!"

Ich ging zurück in die Baracke, wo ich ganz leise Maurice erzählte, was gerade passiert war.

Unglücklicherweise war Callaux' Brutalität der Anfang vom Ende für Maurice, denn am nächsten Tag war er nicht mehr in der Lage, aus dem

Bett zu steigen. Ich ließ den französischen Doktor rufen, der daraufhin in unsere Stube kam, Maurice untersuchte und dann ins Krankenrevier bringen ließ, wo er ein schmerzlinderndes Bad und eine sanfte Massage mit einer Salbe gegen seine Beulen und Wunden erhielt. Am zweiten Tag, gestärkt durch die Kameraden und seine neuen Stiefel, war Maurice wieder auf den Beinen. Er hatte noch mehr Gewicht verloren; seine Schultern waren gebeugt, sein Gesicht war schwarz und blau, und seine Augen saßen noch tiefer in ihren Augenhöhlen. Innerhalb eines Tages hat Callaux den Tod meines Kameraden ausgelöst. Ich hätte es vielleicht noch verstanden, wenn Callaux Deutscher gewesen wäre, aber es war hart zu akzeptieren, dass ein Franzose dafür verantwortlich war.

Als wir am 13. Juni das Lager vom Gipfel des Hügels zum ersten Mal gesehen hatten, vermuteten wir, dass es wohl gesünder sei als die französischen Gefängnisse, denn wir könnten hier vermutlich im Wald arbeiten. Es war ein flüchtiger und reizvoller Gedanke gewesen. Ich musste in der Tat erfahren, dass es auch Waldarbeiten in Hinzert gab, und meine Bekanntschaft mit dem „Waldkommando" geschah am 4. Juli (1942).

Wir kannten bereits die Straße, die über dem SS-Lagerteil lag, denn wir hatten schon die Arbeiten, die dort im Gange waren, registriert. Die Straße verlief entlang des Hügels und führte von Trier nach Hermeskeil, einem Dorf, das mehrere Meilen vom Lager entfernt lag. Man sagte sich auch, dass diese Straße gebaut würde, um den Zivilisten, die die enge Straße oberhalb des Lagers nutzten, den Anblick des Lagers zu ersparen. Aber das schien mir nicht besonders plausibel, denn es gab immer Deutsche außerhalb des Zaunes. Alle starrten und schienen durch die „Show", die dort stattfand, erfreut zu sein.

Maurice war auf den Holzplatz geschickt worden, während ich dem Kommando bei der Straße zugeteilt wurde, unter der Aufsicht von Callaux und vier deutschen Kriminellen als Kapos. Begleitet wurden sie von drei SS-Männern, einschließlich Pammer. Etwa 80 Häftlinge waren für dieses Kommando vorgesehen, das die Franzosen das „Baumstumpfkommando" nannten. Mit der Plackerei, Wurzeln auszugraben, waren wir bereits vertraut, denn einige von uns gingen schon durch diese Lehrzeit auf den Feldern der Bauern südlich des Lagers. Als wir die Arbeitsstelle erreichten, stellten wir zu unserer großen Erleichterung fest, dass die Wurzeln der Kiefern weder so lang noch so groß waren wie die auf dem Feld des Bauern. Viele der Bäume waren bereits von deutschen Zivilpersonen gefällt worden, die für die Gemeindeverwaltung arbeiteten. Sie brachten gerade die langen Baumstämme weg, als wir ankamen.

Da die SS die Absicht hatte, so viel des verbliebenen Holzes zu sammeln, wie nur irgend möglich, transportierte man die Wurzeln, Stümpfe und Äste zurück ins Lager, wo sie zersägt wurden, um damit zu heizen und zu kochen – in Hinzert wurde, abgesehen von Menschenleben, nichts verschwendet.

Weil wir rapide schwächer wurden, war die Arbeit für uns sehr mühselig. Und erneut wurde die Arbeit von den Schlägen der Kapos begleitet, besonders von Callaux, der alle nur erdenklichen Gründe fand, uns zu schlagen. Mich schlug er nie wieder, obwohl er oft den Knüppel in meine Richtung schwang, während er über meine Nationalität lästerte – vermutlich versuchte er so die Aufmerksamkeit der Wachmänner auf sich zu ziehen.

Den ganzen Tag über vernahm man die Geräusche von Äxten, Hämmern, ergänzt von den Schmerzensschreien jener, die SS und Kapos erzürnten. Die zivilen Auftragsarbeiter erlebten die Gewalt mit, unternahmen aber nichts. Der Vorarbeiter, der eine Nazi-Binde trug, war der Lauteste unter den Zivilisten, und auch er genoss es, uns einen Fußtritt zu geben.

Das „rettende Ufer" des Waldkommandos war dann gekommen, wenn SS und Kapos hinter den Bäumen verschwanden, um zu rauchen oder zu essen. Dann war es ruhig. Die SS kümmerte das wenig. Sie schienen zufrieden zu sein, wenn sie nahe der Zufahrtsstraße standen, wo sie tratschten, rauchten, entspannten und die Sonnenstrahlen genossen, während sie die Drecksarbeit den Kapos überließen.

Zeitweise erhielten wir die neuesten Kriegsnachrichten von den Luxemburgern, aber das, was sie uns erzählten, war nicht sonderlich hoffnungsvoll. Einige der Nachrichten kamen von neu eingetroffenen französischen Häftlingen, die fast jedes Wochenende in 40er- oder 50-er Gruppen eintrafen. Und wenn sie in den Baracken oder Kommandos zu uns stießen, gaben sie, was auch immer sie wussten, an uns weiter. Viele berichteten, dass der französische Widerstand sehr aktiv sei und die Alliierten mit jedem Tag stärker würden. Auch wenn es nur ein Tropfen auf dem heißen Stein war, half es uns ein wenig. Während der ersten Juli-Woche war das Wetter herrlich, und wir bekamen die Erlaubnis, unsere Oberbekleidung auszuziehen, während wir an den Baumstümpfen arbeiteten. Erneut sah man die Folgen der Unterernährung und der völlig überarbeiteten Körper. Wir verloren weiterhin an Gewicht und wurden mit jedem Tag schwächer. Wir taten uns immer schwerer, den brutalen Anforderungen der Kapos gerecht zu werden, und beteten, dass es bald 10.00 pm (22.00 Uhr) würde, sodass wir auf unseren Betten zusammenfallen konnten. Jede Mittagsstunde rannten wir im Laufschritt zum Lager zurück, wo wir uns schnell wuschen, die Essnäpfe holten, uns aufreihten, in die Kantine geprügelt wurden, die Brühe herunterwürgten und zurück in die Baracken geprügelt wurden. Zehn Minuten später formierten wir uns wieder für unser Kommando, wurden von wartenden Kapos verdroschen, rannten im Laufschritt zurück zum Wald, wo die zivilen Arbeiter immer noch beisammen saßen und ihre leckeren Sandwiches und Würstchen aßen.

Zu diesem Zeitpunkt fühlten wir uns, als hätten wir schon immer in der Hölle von Hinzert gelebt. Es schien weder einen Anfang gegeben zu haben, noch war irgendwo ein Ende in Sicht. Es war unmöglich, über Freiheit nachzudenken, denn unser ganzes Augenmerk richtete sich auf unsere Arbeit, die Prügel und das wenige Essen, das man uns zugestand. Darüber hinaus hatten wir keine Ahnung, was uns als Nächstes widerfahren würde, was eine sehr traumatische Erfahrung war. Eines Abends, als wir in der Stube beisammen saßen und redeten, kehrte der Verstand für eine kurze Zeit zurück, dennoch war es unmöglich, über ein Leben nach Hinzert nachzudenken. Das Problem schien sich von der Tatsache abzuleiten, dass das Lager sehr klein war und ca. 500 Gefangene inhaftiert waren. Es gab dort keinen Platz, sich zu verstecken oder zu bummeln. Unzählige Wachen hatten uns den Tag über im Blick, so lange, bis wir zur Nacht in den Baracken eingesperrt waren. Unsere Hölle war komplett, mit Ausnahme des Schlafes, der allerdings kein wirklicher Schlaf war, eher ein halbwacher Dämmerzustand, verursacht durch Grausamkeit, Überarbeitung und Unterernährung – wir lagen der SS auf dem Präsentierteller.

Die Wurzeln der Kiefern wurden von einem anderen Wagenkommando, das aus 18 Häftlingen bestand, gesammelt. Ihr Wagen war der größte, den das Lager hatte, und er war für vier Zugpferde konstruiert. Die Arbeit der 18 bestand darin, die Stümpfe in den Wagen zu laden und sie dann zum Holzplatz zu bringen. Das Kommando hatte zwei Touren morgens und drei nachmittags zu absolvieren, wenn es genügend Wurzeln gab, die das Waldkommando aus der Erde gezogen hatte. Die Arbeit war schwierig und gefährlich, und so waren mindestens vier Mann nötig, die Baumstümpfe auf den Wagen zu laden, wo sie in die richtige Position hochzuhieven waren, sodass noch mehr Baumstümpfe gestapelt werden konnten. Deren unebene und rutschige Oberfläche machte die Arbeitsbedingungen extrem gefährlich.

Nachdem der Wagen beladen war, schleppte man ihn über einen unebenen Grund zu der Straße, die zum Lager führte. Der SS-Mann, der die Bremse kontrollierte, veranstaltete kleine Spielchen, indem er die Bremse nicht betätigte und den Häftlingen so die Kontrolle den Hügel hinab überließ. Die Leben der vier Männer vorne standen jedes Mal auf dem Spiel, denn sie wären von den Rädern zerquetscht worden, wenn sie die Kontrolle verloren hätten. Als der Wagen ins Lager kam, war ihr Kreuzweg noch nicht vorbei. Sie mussten noch den Wagen entladen und die Baumstümpfe und Wurzeln zu dem Holzplatz tragen.

Abgesehen von der erschöpfenden Arbeit musste das Baumstumpfkommando noch den üblichen Sport während der Appelle über sich ergehen lassen. Die Übungen waren immer gleich: Rennen um den Appellplatz, Liegestütze, Froschgang und Laufen auf der Stelle. Es war manchmal unmöglich, Schritt zu halten, aber die Furcht verlieh den Füßen Flügel, und so lernten wir, Bewegungen durchzuführen und dabei so wenig wie nur irgend möglich Kraft dabei zu verlieren. Als die Leibesübungen beendet waren, gab es keinen Schlaf, bis die Appelle vorüber waren, aber wir lernten an den Tischen zu schlafen, während wir einen Wachposten abstellten, um uns zu warnen.

Ich verbrachte ein paar relativ ruhige Tage auf dem Holzplatz hinter den Stuben 10 und 11, wo es keine SS-Wachen gab, denn das Areal wurde von einem Wachturm aus von einem SS-Mann mit Maschinengewehr 24 Stunden am Tag beobachtet. Zwei Kapos waren auf dem Holzplatz, beide ehemalige Fremdenlegionäre.

An meinem zweiten Tag auf dem Holzplatz wurden mehrere neu angekommene Häftlinge hier her beordert. Da es mehr Männer als Sägen und Äxte gab, schickten uns die Kapos zu einem der Holzstapel, etwa einen Meter links davon – jeder Holzstapel war etwa fünf Meter hoch und vier Meter breit. Maurice hatte schon auf dem Holzplatz gearbeitet, und er ermahnte mich, immer in Bewegung zu bleiben, auch dann, wenn ich nichts zu tun hätte. Ich erinnerte mich an seinen Rat und entkam so mit einer geringen Anzahl an Schlägen. Während meines dritten Tages auf dem Holzplatz wurde mein Mittelfinger der linken Hand von einem Holzstück, das aus einer Wurzel brach, aufgeschlitzt. Der Schnitt war etwa fünf Zentimeter lang, und man konnte den Knochen durch das aufgerissene Fleisch sehen, welches sich wie eine Bananenschale nach hinten zog. Einer der Kapos brüllte mich an, weil ich mich ungeschickt anstellte. Aber er brachte mich zu dem Krankenrevier, wo ich mich im Flur ausziehen musste und strammstand, während ich versuchte, den Finger zusammenzudrücken, um den Blutfluss zu unterdrücken. Mehrere SS-Männer wurden im Revier wegen Furunkel behandelt. Da wir aber politische Häftlinge waren, mussten wir warten, bis wir an der Reihe waren.

Ich wurde schließlich in einen kleinen Raum gebracht, wo mich der französische Arzt fragte, wie es zu dem Unfall kam. Er entschuldigte sich, was den Mangel an Betäubungsmitteln angeht, und sagte mir, dass er den

Finger ohne Betäubung nähen müsse. Ich hatte nichts dagegen, solange die Blutung gestoppt würde. Während sich der französische Arzt Nadel und Faden zurecht legte, kam Brendel herein, und ich musste ihm meinen Finger zeigen. Er ächzte: „Das wird dir eine Lehre sein, deine Finger aus allem herauszuhalten, Engländer." Er brüllte vor Lachen, als wenn er einen Witz gerissen hätte, und für einen Moment dachte ich, dass er meinen Finger nähen würde, weil er nach Nadel und Faden verlangte. Gott sei Dank, es war dann der französische Häftlingsarzt, der mich mit acht Stichen nähte. Es war eine schmerzvolle Prozedur, aber nicht so schmerzvoll wie einige der Schläge, die ich schon bekommen hatte.

Der französische Arzt schlug Brendel vor, ich solle zwei Tage lang nur leichte Arbeiten verrichten. Aber Brendel erwiderte, dass es mich schon nicht umbringen würde, wieder zurück auf den Holzplatz zu gehen und eine Säge zu nehmen, denn immerhin hätte ich ja noch eine unverletzte Hand. Der Arzt zuckte nur mit den Schultern und führte mich dann aus dem Büro zu dem Platz, wo meine Sachen zusammengefaltet lagen. Als Entschuldigung flüsterte er mir zu, dass Brendel ganz selten jemanden vom Arbeitskommando entbindet.

Als ich wieder zu dem Holzplatz zurückkam, musste ich Holzklötze zum Holzhaufen tragen. Am Ende des Tages pochte mein Finger so stark, dass ich den Verdacht hatte, er wäre entzündet, trotzdem nahm ich diesen Abend den Verband ab, und die Wunde schien sauber zu sein. Einer meiner Freunde schlug vor, auf die Wunde zu urinieren. Ich nahm den Rat an und tat das, sooft ich nur konnte und zwei Wochen später zog ich mir eigenhändig die Fäden aus der Wunde, die in der Zwischenzeit komplett verheilt war. Ich sollte nicht mehr in Brendels Revier zurückkehren.

Manchmal hatte ich Glück und arbeitete mit Maurice gemeinsam in den Kommandos, und wann auch immer Callaux dabei war, kehrte Maurice mit Blutergüssen in die Baracke zurück. Callaux' Schläge waren eindeutig für seinen immer schlechter werdenden Gesundheitszustand verantwortlich. Er konnte kaum noch aufrecht stehen und sah wie ein Buckliger aus. Das meiste Fleisch aus seinem früher großen Körper war weg, aber glücklicherweise war seine Moral immer noch hoch, was eine der wichtigsten Erfordernisse war. Wir standen uns sehr nahe, und ich fühlte mich einsam, wenn Maurice woanders arbeiten musste. Er wurde für mich eine Art größerer Bruder, und ich hasste es, wenn wir nicht zusammen waren. Jeden Abend hielt ich Ausschau nach ihm, wenn er von der Arbeit zurückkehrte. Und sobald ich ihn sah, fragte ich ihn nach Callaux. Zum Glück gab es auch Tage, an denen Callaux nicht das Kommando hatte, und das bedeutete glückliche Tage für uns beide.

Mit einigen der Franzosen entstanden enge Freundschaften. Einer von ihnen war Lucien Vautrot, eine junger Widerstandskämpfer aus Chalons-sur-Saône. Lucien wurde am 10. April 1926 geboren. Bis zu seiner Verhaftung machte er eine Lehre als Stukkateur. Er war 14 Jahre alt und trat einer kommunistischen Widerstandsgruppe bei, obwohl er zu diesem Zeitpunkt noch gar kein Kommunist war. 1940 und 1941 überquerten Lucien und einige andere junge Männer aus Chalons die Grenze nach Vichy-Frankreich, um dort Waffen und Munition für ihre Widerstandsgruppe zu requirieren. Sie brauchten keine Schleichwege, um ins Vichy-Frankreich zu kommen, denn sie waren noch keine 16 Jahre alt und konnten so ungehindert nach Vichy(-Frankreich) gelangen.

Gelegentlich schlüpften sie durch die Hintertür eines Gutshauses, das sich direkt an der Demarkationslinie befand. Irgendwie hatten sie sich eine Schlüsselkopie für die Hintertür beschafft, die sie benutzten, um ins Vichy-Frankreich zu kommen. Gewöhnlich kehrten sie mit Waffen und Munition zurück, entweder durch die Hintertür oder durch die regulären Kontrollposten. Lucien und seine Freunde verschwendeten keine Gedanken an die Grenzwachen, die davon ausgingen, dass es sich ja nur um Schuljungen handelte, die vielleicht Nahrungsmittel in Vichy-Frankreich organisierten. Aber hätten die Wachen nur ein wenig besser kontrolliert, wäre ihnen aufgefallen, dass sich Waffen und Munition in Luciens Fahrradtasche befunden hatten, in die listigerweise ein falscher Boden eingebaut war.

Einmal kehrte Lucien mit vier Handgranaten unter dem falschen Boden der Tasche zurück. Die Handgranaten benutzten Lucien, zwei Männer und ein anderer Jugendlicher, um einen Anschlag auf eine französische Schule auszuüben, die als deutsches Versorgungsdepot benutzt wurde. Lucien warf zwei Handgranaten, die mehrere Tote verursachten. Aber während des Rückzuges wurde er verletzt und war dadurch gezwungen, sich in einer Gartenlaube zu verstecken, die sich noch keine 550 Meter von dem Haus seiner verwitweten Mutter befand. Dort versteckte er sich mehrere Tage, während in der Zwischenzeit die Gestapo Dutzende Geiseln als Vergeltungsmaßnahme verhaftete. Lucien konnte schließlich über einen seiner Freunde einen bekannten Arzt ausfindig machen, der die Kugel aus seinem Arm entfernte. Er hatte ebenso eine 7,62 mm-Kugel in seinem Sprunggelenk, sodass es für ihn unmöglich war, nach Vichy-Frankreich zu entkommen, denn er konnte kaum laufen. Die Kugel musste in einem geeigneten Operationsraum entfernt werden, aber alle verfügbaren Operationsräume waren unter deutscher Kontrolle, denn die Gestapo wurde bereits informiert, dass Lucien verwundet war.

In der Zwischenzeit war die Gestapo in Chalons sehr aktiv. Sie verhaftete 32 Personen, unter denen zwei Anführer von Luciens Widerstandsgruppe waren, die den Überfall mit ihm durchgeführt hatten. Es war ganz offensichtlich, dass sie von jemandem denunziert worden waren.

Lucien versteckte sich weiterhin in der Gartenlaube, während er dort von Freunden mit Nahrungsmitteln versorgt wurde. Während dieser Zeit wurde seine komplette Widerstandsgruppe zusammengetrieben und befragt. Ihre Massenfestnahme wurde durch den Bürgermeister von Chalons-sur-Saône erleichtert, der in der ganzen Stadt Plakate anbringen ließ, in der er die Bevölkerung aufforderte, diejenigen zu denunzieren, die für das „feige" Attentat auf das deutsche Depot verantwortlich seien. Diese Ankündigung war an alle Bürger von Chalons gerichtet, und sie bedauerte das „gewaltsame Verbrechen" gegen die Deutschen und rief gleichzeitig die Bevölkerung auf, die Verantwortlichen für diese Tat anzuzeigen, denn „die ordentlichen Bürger von Chalons-sur-Saône würden keine Aktionen gegen die Besatzer tolerieren."

Lucien wurde von Anwohnern erkannt. Während er Unterschlupf in der Gartenlaube suchte, verstand er, dass die Zeit reif war aufzugeben, um seiner Familie nicht noch mehr Kummer zu verursachen. Er wurde ebenso benachrichtigt, dass 50 bereits verhaftete Geiseln erschossen würden, sollte er nicht aufgeben. Infolgedessen wandte er sich an die französische Polizei, die ihn wenige Minuten später der Gestapo übergab.

Während seines brutalen Verhörs erzählte er der Gestapo nichts. Als er erklären musste, vorher seine Verletzungen stammten, sagte er, er wäre verwundet worden, während er als unschuldiger Zuschauer durch Zufall in einen Überfall auf ein deutsches Depot geraten sei. Er erzählte den brutalen Befragern, dass er sich nur versteckt habe, weil er glaubte, dass seine Wunden als Anzeichen seiner Schuld interpretiert würden. Die Gestapo nahm ihm dies nicht ab! Lucien wurde daraufhin in den Gefängnissen von Chalons-sur-Saône, Dijon, Fresnes und Trier inhaftiert, von wo er schließlich im Juli 1942 nach Hinzert kam. Dort erhielt er die Haftnummer 4763.

Lucien hasste mit Leidenschaft alle Deutschen. Eines Tages, während er die Arbeiten eines Arbeitspferdes an der Achse des Wagenkommandos (charette) verrichten musste, steuerte er den Wagen absichtlich in den Straßengraben. Bevor der Wagen in den Graben krachte, warf er sich auf die andere Seite. Die Besatzung des Kohlekommandos, die auf dem Wagen saß, landete im Straßengraben. Glücklicherweise wurde niemand ernsthaft verletzt, aber Lucien musste für diese Aktion einen hohen Preis bezahlen. Als er sich von den Schlägen halbwegs erholt hatte, kicherte er durch seine aufgeplatzten Lippen: „Mein Freund, das war es wert!" Er war ein wirklich großartiger Kerl, äußerst robust und gerade einmal 16 Jahre alt.

Nachdem wir alle ausreichend Erfahrungen in Sachen Prügel durch SS und Kapos gesammelt hatten, schlussfolgerten wir, dass keiner so grausam war wie Georg Schaaf, der mit Freude die Köpfe der Häftlinge unter Wasser tauchte, bis sie beinahe ertrunken waren. Uns kam zu Ohren, dass Schaaf schon Schläuche in die Hälse von Häftlingen eingeführt hatte, sich auf sie stellte und sie nicht freigab, bis auch sie beinahe ertrunken wären. Dennoch glaubte Schaaf, dies wäre nur Spaß, denn SS und Kapos standen herum und beobachteten das barbarische Spektakel. Viel war nicht nötig, dass sich SS und Kapos versammelten, vor allem nicht vor dem anerkennenden Publikum ihrer Kollegen.

Man musste immer sehr vorsichtig sein, denn SS und Kapos hatten überall ihre Spitzel. Einer der schlimmsten Spitzel war ein junger Belgier namens Leon. Er war schon seit sechs Monaten in Hinzert und war gerade fünfzehn Jahre alt. Sein bevorzugter Trick war es, sich in den Toiletten zu verstecken, wo er die Gespräche belauschte, um sie anschließend der SS zu berichten.

Als von Woche zu Woche mehr französische Häftlinge in Hinzert ankamen, verteilte man die diejenigen aus der Quarantäne auf alle Baracken. Von den Luxemburgern erfuhren wir, dass Hinzert für ca. 600 Häftlinge ausgelegt war und dass es ein Ableger des benachbarten berüchtigten Konzentrationslagers Natzweiler-Struthof war [44]. Natzweiler war das einzige Konzentrationslager auf französischem Boden, da die Deutschen das Gebiet nicht als französischen Boden anerkannten, denn sie hatten Elsass-Lothringen bereits 1940 annektiert und Bürger aus ihrer Heimat vertrieben. Wir stellten Vermutungen an, was passieren würde, wenn weitere französische Häftlingsschübe im Lager ankommen würden. Dann nämlich müssten gegebenenfalls neue Baracken gebaut werden, oder man würde uns anderswo hinbringen.

In der Zwischenzeit dauerten die Gewaltexzesse weiter an und gehörten zu unserem Alltag. Egal, wohin wir gingen oder wie wir gingen, überall gab es Kapos und SS mit einem Knüppel in der Hand, um uns ohne offensichtlichen Grund zu schlagen bzw. als Teil ihres „Erziehungsprogramms". Ein Kapo erzielte Pluspunkte, wenn er seinen (SS-)Herren berichten konnte, dass irgendjemand sich eines Fehlverhaltens schuldig gemacht hätte. Dann schleppte man diesen Unglückseligen auf den Appellplatz, wo er an einen Gegenstand gefesselt wurde, um ihm anschließend 25 Peitschenhiebe auf den Rücken und das Gesäß zu geben.

Die SS erinnerte uns ständig daran, dass wir im Lager waren, um erzogen zu werden und dass unsere Erziehung beendet sein musste, bevor wir das Lager verließen.

Die französischen Ärzte waren sehr um die Gesundheit vor allem junger Häftlinge bemüht, hatten allerdings nur begrenzte Möglichkeiten, ihnen zu helfen. Sie sagten uns, welches im Wald vorhandene Unkraut wir essen konnten, und rieten uns, die Finger von allen Pilzarten zu lassen, denn die meisten waren giftig. Sie konnten nicht viel tun, um zu helfen, und es muss für diese engagierten Patrioten sehr frustrierend gewesen sein mitanzusehen, wie wir zu Grunde gingen.

Unter uns waren mehrere französische Geistliche, die Trost spendeten und heimlich die Beichte abnahmen. Zunächst gestatte man ihnen noch, ihre Priesterroben und ihr Haar zu behalten. Das sollte sich aber ändern. Sie bekamen die gleiche Kleidung wie der Rest von uns, was die Fürsorge, die sie uns entgegenbrachten, jedoch nicht verringerte. Die einzige friedliche Zeit war die Schlafenszeit, als wir uns flüsternd unterhielten, meistens übers Essen. Maurice und ich redeten selten, denn er war so schwach, dass er sofort einschlief, sobald er sich hinlegte. Von allen jungen Häftlingen in Hinzert war Maurice derjenige, der am übelsten misshandelt worden war, hauptsächlich von dem französischen Verräter Callaux. Ich fürchtete um sein Leben, denn es war ganz offensichtlich, dass er jeden Tag schwächer wurde. Ich forderte ihn öfter auf: „Halte durch!" und belog ihn, dass ich Gerüchte gehört hätte, wir würden Hinzert bald verlassen, obgleich Lügen ihm Hoffnung gaben.

Meine Lüge wurde Realität, als etwa 60 von uns, meist Jugendliche, am 23. Juli (1942) hörten, dass wir am nächsten Morgen Hinzert verlassen würden. Weiter sagte man uns nichts, nur dass sie uns „woandershin bringen" werden. Wir fragten uns, wohin sie uns bringen würden und ob wir vom Regen in die Traufe kämen. Falls das überhaupt möglich wäre!

Am Freitag, dem 24. Juli standen wir in Reih und Glied vor der Kleiderkammer, wo wir unsere Häftlingskleidung abgaben. Anschließend rannten wir nackt zu den Duschen. Dort gaben uns verschiedene Duschkapos die Erlaubnis, anders als in der sonst gewohnten Art und Weise, uns für ein oder zwei Minuten in warmem Wasser zu aalen. Da der junge Kapo nicht anwesend war, nutzen wir die Gelegenheit, um den Schmutz von Hinzert von unseren ausgemergelten Körpern zu waschen. Nach dem Duschen gingen wir wieder zur Kleiderkammer zurück, in der uns die Kapos nach den Häftlingsnummern fragten und uns ein Bündel mit unseren Zivilkleidern übergaben. Obwohl die Kleidung furchtbar zerknautscht war, war es doch angenehm, sie wieder tragen zu dürfen. Als wir uns anzogen, schauten wir uns gegenseitig an und grinsten, nicht über unsere Kleidung, sondern wegen der Haarschur, denn die SS sorgte dafür, dass wir Hinzert geschoren verließen. Es machte uns nichts aus. Wir gingen fröhlich, in dem Glauben, dass es keinen schlimmeren Ort als das SS-Sonderlager in Hinzert gäbe.

Gegen 10.00 Uhr vormittags fuhren zwei grüne LKWs der Polizei durch das große Holztor. Wir waren begeistert zu sehen, dass wir von Schupos und nicht von der SS eskortiert würden. Bevor wir das Lager verließen, kam Sporrenberg an und überwachte unseren Abtransport. Er hielt eine kurze Rede, in der er bemerkte, er hoffe, wir „würden zukünftig weniger unfreundlich zu den Deutschen" sein. Desweiteren sprach er davon, dass er sich erhoffe, dass wir hier umerzogen worden wären, denn es würde uns zukünftig Nutzen bringen. Sporrenberg fuhr fort, dass unsere neue Einstellung (den Deutschen gegenüber), sollte die Zeit für ein (Gerichts-)Verfahren gekommen sein, uns weiterhelfen würde. Mit dieser Bemerkung trat er mit seinem großen Hund und seinem Schatten Napoleon ab.

Das war nicht das erste Mal, dass wir das Wort „Verfahren" hörten, aber niemand wusste genau, was die Deutschen mit uns vorhatten. Wir waren besorgt und hofften, dass die Rückgabe unserer Kleider kein hinterhältiger Trick der Deutschen war, um uns zu betrügen. Glücklicherweise war es dieses Mal nicht so. Es gab ein großes Aufatmen vor Erleichterung, als wir in die LKW stiegen und sahen, wie das Schild „SS-Sonderlager Hinzert" immer kleiner wurde, während wir den Hügel hochfuhren.

Die Schupos starrten auf die ausgezehrten jungen Männer, die ihnen die SS übergeben hatte. Einer der beiden Schupos, der an der Heckklappe saß, fragte, wann wir nach Hinzert gekommen waren. Wir erzählten ihm, dass wir am 13. Juni angekommen waren. Daraufhin berichtete er uns, er sei einer der Schupos gewesen, die uns auf unserem Weg vom Gefängnis in Trier nach Hinzert eskortiert hatten. Ich hörte ihm zu, während er unseren ausgemergelten Zustand kommentierte. Sie waren geschockt, machten aber keinerlei Anzeichen, uns ihre Brotdosen zu reichen.

Wir drehten uns um, als wir die Spitze des ersten Hügels erreichten, der zum Lager führte. Das SS-Sonderlager wirkte immer noch sauber und ruhig, noch genau so wie am 13. Juni, als wir zum ersten Mal den Hügel erreicht hatten. Aber dieses Mal hörten wir, das Geräusch des LKW-Motors übertönend, Schreie. Es würde keinen Weg geben, diese aus unserem Leben zu verdrängen. Wir erinnerten uns an den ersten Anblick von Hinzert, als die Schupos andeuteten, wir würden in einem forstwirtschaftlichen Lager in den Wäldern arbeiten. Aber sehr schnell kam die (grausame) Realität des Lagers wieder zum Vorschein, als der LKW auf die Seite der engen Straße fuhr, um das Wagenkommando, beladen mit Briketts von Union, auf dem Weg zum Lager passieren zu lassen.

Ich saß neben einem erschöpften Maurice, dessen Lächeln noch genauso ansteckend war wie eh und je. Er grinste mich an und fragte: „Was kommt jetzt?" Was hätte man darauf antworten sollen? Wir hatten uns in Hinzert vom 13. Juni bis 24. Juli gegenseitig zur Seite gestanden und geholfen. Sechs kurze Wochen minus einen Tag. Die sechs Wochen schienen unendlich gewesen zu sein. Während dieser Zeit waren wir geschlagen worden, hatten jeden Tag bis zum Umfallen geschuftet und verhungerten ebenso systematisch fast zu Tode.

Innerhalb der letzten sechs Wochen wurden wir in Windeseile erwachsen, und es entstand eine Härte in den Augen meiner Freunde, die nicht länger die Augen von Schuljungen waren, sondern eher die jagender Adler, die nach Nahrung, drohenden Gefahren oder Fluchtmöglichkeiten Ausschau hielten.

Ich erkannte, dass mehr nötig sein würde als die ganzen Sporrenbergs, Wipfs, Schaafs, Pammers und Callaux, um ihren gallischen Willen zu brechen. Gleichwohl wusste ich, dass ein ausgeprägter Wagemut den Mangel an Nahrung nicht dauerhaft kompensieren konnte, der bereits unsere Körper böse zugerichtet hatte und das Immunsystem zusammenbrechen ließ. Während ich mich auf der Ladefläche des LKW umsah, wusste ich, dass wir bis Weihnachten alle tot sind, wenn wir in ein ähnliches Konzentrationslager wie Hinzert gebracht würden.

Wittlich

Quelle: Synopse "Night and Fog Prisoners, Seite 6 ff.
Am 24. Juli 1942 wurden Peter und Maurice zusammen mit ca. einhundert anderen Jugendlichen (unter 20 Jahren) in die Strafanstalt nach Wittlich verlegt, wo sie in einer Korbfabrik arbeiten mussten.
Die Prügelorgien von Hinzert, die Hungerrationen und die nasskalten Arbeitsbedingungen in der Korbfabrik waren die Hauptursachen für die Tuberkuloseinfektion [46]*, an der sich Maurice ansteckte – Tuberkulose war ein furchtbarer Killer für NN-Deportierte.*
Quelle: Peter Hassall, Night and Fog Prisoners, 1997, Zusammenfassung Seiten 210-229

Es begann mit einem Husten, Ausspucken von Schleim und Fieber. Maurice hatte keinen Appetit mehr für die ohnehin mageren Rationen. Während seiner Hustenanfälle spuckte er Blut in sein Taschentuch. Am Tag darauf brachte man ihn in die Krankenstation, wo er zunächst in eine Isolationszelle gebracht wurde.

Maurice wusste, dass er sterben würde, und vor seinem Tod nahm er Peter das Versprechen ab, dass er ihn nicht in Deutschland zurücklassen und seine sterblichen Überreste nach Jersey repatriieren werde.

Er sagte zu ihm: „Peter, ich bin am Ende! Das bedeutet, dass du weiterleben musst! Du musst zurück und unseren Familien erzählen, was passiert ist! Erinnerst du dich an den luxemburgischen Stubenältesten? Erinnerst du dich, was er sagte? Vergiss alles andere! Du musst zurückkehren, weil ich es nicht schaffen werde. Und noch etwas: Nach dem Krieg kommst du zurück und holst mich. Bitte, lass mich hier nicht zurück!" Peter war von diesem Gefühlsausbruch geschockt und konnte kaum noch antworten, aber es machte keinen Sinn, sich noch länger etwas vorzumachen: „Ich verspreche dir, dass ich mein Bestes geben werde, dich zurückzubringen!"

„Sprich mit Dr. de Saint Paul (dem Gefängnisarzt in Wittlich). Versprich, dass du wie ein Löwe kämpfen wirst, um zu überleben. Ich will, dass meine Familie weiß, was mit mir passiert ist, also bitte ich dich, kehre du zurück! Was wird wohl passieren, wenn wir beide sterben? Niemand wird jemals wissen, was uns widerfahren ist. Ich möchte nicht in Deutschland bleiben, bring mich bitte fort von hier zu Dennis (Audrian), sodass wir eines Tages wieder alle zusammen sind. Versprich mir das!"

Peter hatte Tränen in den Augen, aber während Maurice seine Hand hielt, fühlte er, wie er neue Kraft schöpfte. Es schien ganz so, als wolle Maurice ihm seine letzten noch verbliebenen Kräfte übertragen, während Peter auf sein dünnes, geschundenes Gesicht blickte und ihn in die Arme nahm, während er ihm zuflüsterte: „Mach dir keine Sorgen, Maurice! Ich werde es schaffen und alles berichten, und dann werde ich mich für dich um Callaux kümmern!"

Maurice lächelte tapfer und sagte: „Kümmere dich nicht um Callaux! Das wird das Gesetz übernehmen. Ich weiß, dass du durchkommen wirst. Mache dir keine Vorwürfe! Wir haben diesen Weg gemeinsam eingeschlagen. Ich kannte die Risiken, aber ich hatte keine Ahnung, dass es so enden würde." Bevor er sein Bett verließ, zupfte Maurice an Peters Hose und fügte hinzu: „Hier nimm das! Ich brauche es nicht mehr." Er kramte in seinem Schrank und gab ihm vier Scheiben Brot. Nimm sie, sonst bekommen sie die anderen, die hier behandelt werden. Geh und frag den Arzt um Erlaubnis, mich so oft wie möglich besuchen zu können. Ich vermisse dich sehr, Peter!"

Bis April 1943 änderte sich nicht viel in Wittlich, außer der Tatsache, dass die Suppe immer weniger und die Brotscheiben immer dünner wurden. Immer mehr junge Häftlinge erkrankten an Tuberkulose, und so rückte dieses Thema immer mehr in den Mittelpunkt ihrer Gespräche. Vor der Krankheit konnte keiner fliehen, erst recht nicht, wenn ein Zellengenosse damit infiziert war. Die Krankheit war extrem ansteckend, und obwohl die Gefängnisverwaltung alles tat, um die Ausbreitung einzudämmen, verbreitete sie sich rasch. In Wittlich gab es 500 Zellen, in denen viele Franzosen inhaftiert waren. Man sagte sich, dass über 1000 Männer und Jugendliche in Wittlich inhaftiert waren, obwohl das Gefängnis nur für halb so viele Gefangene vorgesehen war. Es war also kein Wunder, dass sich die Krankheit in den beengten Zellen so schnell ausbreiten konnte.

Wäre es nach dem Willen der Gestapo gegangen, hätten alle an Tuberkulose verrotten können. Es störte sie nicht wirklich, bis auf Dr. Bithorn, den Gefängnisdirektor, der sein Gefängnis nicht in eine Leichenhalle verwandelt sehen wollte. Doch er konnte wenig tun, denn das Gefängnis war überfüllt, und es gab kein anständiges Essen, sodass er den unausweichlichen Tod oft nur hinauszögern konnte.

Es gab kaum frische Luft, mit Ausnahme eines 30-minütigen Rundganges, der von zwei französischen Priestern beaufsichtigt wurde. Einer der Priester war Pfarrer de La Martinière. Dieser gab den Takt an, während der andere Priester den Gefangenen eher leichte Übungen zeigte, die sie nachmachen sollten.

Im September 1943 verließ uns unser Freund und Beichtvater, Pfarrer Joseph de La Martinière. Er hatte alles Menschenmögliche getan, den jungen Häftlingen zu helfen, für die er sehr viel Mitgefühl bewies und sich ihrer annahm. Pfarrer de La Martinière nahm viele Risiken in Kauf und brachte sich selbst oft in Lebensgefahr, indem er die Aufmerksamkeit der Gestapo auf sich zog. Er verließ uns im September zusammen mit vielen anderen NN-Häftlingen Richtung Breslau/ Wrocław.

Ende September 1943 hatte Maurice beinahe aufgehört, Nahrung zu sich zu nehmen, ganz symptomatisch für das Endstadium der Tuberkulose. Sein Rücken war schon ganz wundgelegen. Während seiner letzten Tage wies er Peter an, ihn zurück nach Jersey zu bringen, sobald der Krieg vorbei wäre. Peter hätte in diesem Augenblick alles getan, um ihm Mut und Freude zu geben, wenn es auch nur für Sekundenbruchteile gewesen wäre.

Er konnte nicht mit ansehen, wie sein großer und sanftmütiger Freund im Sterben lag, mit dem er so viel durchgemacht hatte, und er wusste, dass dann auch ein Teil in ihm sterben würde. Nachts lag er im Bett und dachte darüber nach, wie tapfer Maurice war.

Am 1. Oktober 1943 hörte Peter erstickendes Röcheln, das von Maurices Bett kam. Als er zu seinem Bett kam, richtete sich Maurice auf und streckte seine Hand zu ihm aus. Er hielt seine Hand und drückte Maurice fest an seine Brust, während er ihn bat, er solle ihn nicht alleine zurücklassen. Er schaute Peter an und flüsterte mit schwacher Stimme: „Vergiss nicht, Peter, erzähle meinem Großvater, was passiert ist, und bitte, lass mich hier nicht zurück!" Mit diesen Worten starb Maurice Gould in den Armen seines Freundes, und während er starb, läutete die Glocke zweimal. Es war 10:30 Uhr, am 1.Oktober 1943. Sein Freund und Weggefährte hatte ihn für immer verlassen. Jetzt war er ganz auf sich alleine gestellt, aber es tröstete ihn, dass Dennis und Maurice nun wieder zusammen sein würden.

Peter wusch das Blut auf, säuberte seine Lippen, schloss sanft seine Augen und bedeckte seinen Leichnam mit einem Laken. Peter saß am Bett seines Freundes und betete für ihn, ohne genau zu wissen, was er Gott sagen wolle, während er sich Gedanken darüber machte, was er Maurices Großvater erzählen werde.

Am selben Nachmittag kam Dr. Bithorn in die Krankenabteilung, um Peter Hassall sein Beileid auszusprechen. Er erzählte Peter, er habe schon sechs Häftlinge ausgewählt, die seinen Sarg tragen und ihn, gemäß den Bestimmungen, innerhalb der nächsten zwei Tage beisetzen würden. Dr. Bithorn packte ihn an den Schultern und ging mit Peter aus der Zelle, wo er ihm sagte: „Hassall, sei versichert, dass ich mein Bestes geben werde, dich so lange wie möglich hier in Wittlich zu behalten. Ich weiß nicht, wie lange es dauert, bis sich die Gestapo meldet, um mir mitzuteilen, dass ihr (Peter und Dr. de Saint) deportiert werdet, aber ich werde alles versuchen. Ich möchte dich nicht verlieren. Bitte glaube mir das!" Peter hatte keinen Grund, den Worten dieses beherzten Mannes keinen Glauben zu schenken.

Zwei Tage später traf Peter sechs Häftlinge auf dem Gefängnishof, die Maurice sehr nahe standen. Für diesen Anlass hatten sie saubere Häftlingskleidung und Schuhe an. Aber außer einer kurzen Beileidsbekundung und einem Händeschütteln sprach kaum jemand ein Wort. Was hätte man denn auch sagen sollen, denn der Tod unter NN-Häftlingen war eine tägliche Erscheinung in Wittlich. Der Gefängnispfarrer Anton Barz **47** leitete die Begräbniszeremonie, und Peter erhielt ein Seil ausgehändigt, sodass er den Sarg in sein Grab hinablassen konnte. Der Gefängnisdirektor gab Peter dann noch die Gelegenheit, ein paar persönliche Worte an seinen verstorbenen Freund zu richten. Dann war er allein mit Maurice und seinen Erinnerungen an ihn. Er ließ seinen Tränen freien Lauf, während er merkte, dass in seinem Leben für immer etwas fehlen würde. Seine besten Freunde waren von ihm gegangen, und er zweifelte, ob er je über ihren Tod hinwegkommen würde. Er gab sein Versprechen, so lange nicht zu ruhen, bis Maurice nach Jersey gebracht werden würde.

Quelle: Synopse Night and Fog Prisoners, S. 7-11

Inzwischen wurden Hunderte französischer NN-Gefangene von Wittlich nach Köln deportiert, wo das zuständige Sondergericht seinen Sitz hatte.
Gerüchte von Rückkehrern aus Köln machten die Runde, dass bereits viele NN-Häftlinge in Köln vor Gericht gestellt worden waren und sie anschließend in andere Orte deportiert würden, höchstwahrscheinlich in andere Konzentrationslager. Desweiteren überbrachten sie schockierende Nachrichten, denn einige ihrer NN-Kameraden hatten bereits ihr Todesurteil erhalten und wurden unter dem Fallbeil enthauptet.

Photo: Geert Van den Bogaert

Im September 1943 verlagerte das Sondergericht (siehe Foto) seinen Sitz nach Breslau (heute Wrocław, Polen) wo die NN-Prozesse dann in der Tat begannen.

Alle NN-Häftlinge, die zuvor in Köln waren, schickte man von Wittlich aus dorthin, ebenso wie Hunderte anderer Häftlinge aus Gefängnissen und Konzentrationslagern aus ganz Frankreich und dem Deutschen Reich.

Peter blieb durch die Hilfe eines französischen Arztes und des Gefängnisdirektors in Wittlich, bis die Gestapo aus Trier den Befehl übermittelte, ihn im März 1944 nach Breslau zu schicken. Bis zu diesem Zeitpunkt hatte Peter wieder ein bisschen an Gewicht gewonnen, indem er die Essensreste der an Tuberkulose erkrankten Häftlinge aufaß, die im Endstadium ihres Lebens keine Nahrung mehr zu sich nehmen konnten. Das so gewonnene Gewicht wurde somit zu Peters Lebensversicherung, ohne die er höchstwahrscheinlich nicht überlebt hätte.

Nach einer Schrecken erregenden Fahrt durch das Deutsche Reich in Viehwaggons und Ochsenkarren und dem Übernachten in einigen der dreckigsten Gefängnisse im Deutschen Reich erreichte Peter schließlich Breslau/Wrocław, wo er mehrere Tage bis zu seiner Verhandlung in Isolationshaft verbrachte.

Breslau, Prozess und Befreiung

Im Gefängnis von Breslau/Wrocław zeichneten sich die Hintergründe des NN-Erlasses immer klarer ab, dennoch konnten die betroffenen NN-Deportierten noch nicht die volle Tragweite des verbrecherischen Erlasses abschätzen, während sie versuchten, einen plausiblen Grund hinter der anhaltenden unmenschlichen Behandlung zu erkennen.

Am 1. Juni 1944 wurde Peter vor das Sondergericht in Breslau gebracht. Fünf Anklagepunkte wurden ihm vorgeworfen, von denen der schwerwiegendste der der Spionage war. Es gab keinen Verteidiger, und den Prozess leitete ein Trio aus von Nazis ausgesuchten Richtern, welche die Rollen des Staatsanwaltes, des Richters und der Geschworenen übernahmen.

Im Verlauf des Prozesses zeigten sie sein Photoalbum (mit Bildern deutscher Stellungen auf Jersey) und die Karte, die der Kapitän vor der Flucht anfertigte. Glücklicherweise fehlte der eigens erstellte Plan, auf dem die deutschen Verteidigungsstellungen eingetragen waren, denn er wurde Peter beim Auftauchen am 3. Mai 1942 entrissen.

Peter war gezwungen, sich gegen die drei Richter selbst zu verteidigen. Die Verhandlung fand auf Deutsch statt, denn es gab keinen Dolmetscher, aber glücklicherweise sprach Peter zu diesem Zeitpunkt fließend Deutsch. Während der gesamten Verhandlung versuchte er, so viel Schuld seinen toten Kameraden aufzuladen wie nur irgend möglich. Er erinnerte die Richter immer wieder daran, dass er der Jüngste des Trios und stark von seinen älteren Freunden beeinflusst worden war. Nach der zweistündigen Verhandlung verließen die Richter zur Beratung den Verhandlungsraum. Wenig später kamen sie zurück und erklärten Peter in allen Anklagepunkten für schuldig. Die Todesstrafe wurde gefordert, jedoch aufgrund seines Alters ausgesetzt, und so erhielt er eine vierjährige Haftstrafe.

Nach der Verhandlung wurde er einer anderen Gruppe von NN-Häftlingen zugeordnet, die in das berüchtigte Konzentrationslager Groß-Rosen verlegt werden sollte. Allerdings suchte eine deutsche Firma nach dreißig jungen Männern, um Geräte und Werkzeuge innerhalb des Gefängnisses von Schweidnitz (im heutigen Swidnica/Polen) herzustellen. Im Juli 1944 verbrachte man Peter und seine französischen Freunde nach Schweidnitz, um dort zu arbeiten. Die dortige Arbeit war Glück im Unglück, denn sie schützte die überlebenden NN-Häftlinge vor dem strengen Winter 1944/45.

Im Januar 1945 zogen unzählige deutsche Kolonnen auf der Flucht vor der Roten Armee durch die Stadt Schweidnitz. Der Winter war bitterkalt, und trotz der schützenden Wände des Gefängnisses starben weiterhin viele NN-Häftlinge an Hunger und Tuberkulose. Neuigkeiten über die aktuellen Kriegszustände waren selten, und trotzdem hörten sie im Februar 1945 schließlich den Geschützdonner der Artillerie. Die Rote Armee war nur zehn Meilen (ca. 16 km) entfernt! Unglücklicherweise wurde die Befreiung der jungen NN-Häftlinge vereitelt, indem man sie in das Gefängnis nach Hirschberg (heute Jelena Gora, Polen), 30 Meilen (ca. 48 km) westlich von Schweidnitz schickte.

Drei Tage lang marschierten die überlebenden NN-Häftlinge entlang der mit deutschen Flüchtlingen, politischen Gefangenen, KZ-Häftlingen und grausamer SS völlig überfüllten Straßen. Es gab keine Unterkunft, und so schliefen sie auf offenen Feldern in der Kleidung, in der sie verhaftet worden waren, während heftige Schneestürme über sie hinwegfegten und sie keine Mäntel hatten, sich zu schützen.

Letztendlich waren sie bis zum 8. Mai 1945 im Gefängnis von Hirschberg eingesperrt, wo noch am gleichen Tag der einzige verbliebene Wachmann einfach die Tür öffnete und sie frei ließ. Gleichzeitig drückte er jedem ein Stück Brot und fünf Reichsmark in die Hand.

Die französischen NN hatten das Glück, mit einer Gruppe französischer Kriegsgefangener zusammenzutreffen, die sich ihrer annahmen, was aber nicht für Peter galt, denn er war nun nicht mehr Teil einer französischen Gruppe Nacht- und Nebel-Gefangener, dafür aber ein befreiter, ausgemergelter, unerwünschter und auf 80 Pfund (ca. 36 kg) heruntergehungerter Junge aus Jersey. Weil er fließend Deutsch sprach, entschied ein sowjetischer Offizier, ihn solange festzuhalten, bis er sich ordnungsge-

mäß ausweisen konnte. Diese Forderung konnte Peter aber nicht erfüllen, denn er hatte keine Papiere bei sich. Ein freundlicher sowjetischer Offizier warnte ihn vor, dass er deswegen vermutlich weiterhin in Haft gehalten würde, und schlug vor, er solle fliehen. Am nächsten Tag gelang ihm die Flucht, und er konnte sich in einem sowjetischen LKW verstecken, der ihn nach Eilenburg (Sachsen) brachte, wo eine Stelle für den Austausch sowjetisch-amerikanischer Kriegsgefangener eingerichtet war. Als gerade die russische und amerikanische Nationalhymne gespielt wurden und alle stramm standen, nutze Peter die Gunst der Stunde, sammelte alle verbliebenen Kräfte und rannte so schnell er konnte zu einer kleinen unbewachten Brücke in Sicherheit.

Später befragte ihn die amerikanische Spionageabwehr und brachte ihn nach Halle (Saale), von wo er in die belgische Hauptstadt geflogen wurde. In Brüssel befragte ihn die britische Militärpolizei, die ihn aufforderte, in Brüssel zu bleiben, bis seine Identität überprüft sei. Allerdings unternahmen sie nichts gegen seine sich verschlechternde Tuberkuloseinfektion.

In einem Büro, das von dem Flüchtlingskomitee der Channel-Islands genutzt wurde, erkannte Peter einen Freund seines Vaters, der für seine Identität bürgte, und dort erfuhr Peter, dass die Channel Islands bis zum 8. Mai 1945 besetzt worden waren. Der Krieg ging an den Inseln vorbei, denn die Alliierten hatten beschlossen, den Krieg so fortzuführen, dass sie sich erst nach der deutschen Kapitulation um die Channel Islands kümmern würden.

Später wurde Peter nach London geflogen, wo er von der britischen Polizei abermals befragt wurde, die dann erneut seine Identität bestätigte. Er durfte aufgrund seiner angegriffenen Gesundheit und Einreiseprioritäten nicht nach Jersey zurückkehren. Infolgedessen lebte er bei einer Tante väterlicherseits in Staffordshire, wo er die Aufforderung erhielt, sich beim Arbeitsamt zu melden. Ein paar Wochen später – sehr zu seiner Überraschung – erhielt er den Einberufungsbescheid zur Royal Navy am 20. August 1945, trotz seiner sich weiter verschlechternden Tuberkuloseinfektion.

Peters Ersuchen, seinen Freund Maurice nach Jersey zurückzubringen, begann 1946 mit einem Telefonat mit den zuständigen Behörden in Jersey. Mit den Jahren war keine der staatlichen Ebenen bereit, die Verantwortung für seine Rückkehr zu übernehmen, aber Peter ließ nicht locker. Über einen Zeitraum von fast 50 Jahren schrieb er an das Königshaus, die britischen Premierminister und an nahezu alle Stellen, die seinen Wunsch erhören würden. Unglücklicherweise lag die Befugnis, Maurice zu repatriieren, bei seinen engsten Angehörigen, und da Maurice Peter immer erzählt hatte, dass er keine Familie hatte, wusste Peter nicht, an wen er sich wenden sollte. Maurice hatte Peter immer erzählt, er wäre ein Waise, der von seinem Großvater in Jersey adoptiert worden sei.

1988 wandte er sich an Premierministerin Margret Thatcher, die seinen Brief nicht persönlich beantwortete, die Anfrage aber an die britische Kriegsgräberkommission weiterleitete. Diese wiederum erinnerte Peter daran, dass er die Erlaubnis von Maurice' Familie benötigen würde, um seine Gebeine zu repatriieren, und die Kosten dafür müssten er oder die Familie von Maurice übernehmen.

Die Familie von Maurice ausfindig zu machen war ein schwieriges Unterfangen, das durch die Entfernung von Peters Wahlheimat Kanada und Europa noch diffiziler werden sollte. Peter gab dennoch nicht nach und wandte sich 1992 an den Buckingham Palace und bat um Unterstützung. Erneut verwies man ihn dort an die britische Kriegsgräberkommission.

Über die Jahre pflegte Peter den engen Kontakt zu seinem Freund Joe MiËre aus Jersey, dem Kurator des Jersey Underground Museums, der bemerkenswerte Forschungsarbeiten zu Jerseys politischen Gefangenen und Deportierten geleistet hatte, und ein Ergebnis von Joe MiËres Artikeln war, dass die Jerseyer Abteilung der britischen Kriegsveteranen auf das Schicksal von Maurice aufmerksam wurde, dessen Gebeine auf einem Militärfriedhof im rheinland-pfälzischen Wittlich ruhten, wo sie von dem ursprünglichen Begräbnisort 1973 umgebettet worden waren. Durch eine Anzeige der Royal British Legion (einer britischen Kriegsveteranenorganisation) meldeten sich ein Halbbruder und eine Schwester aus England und stimmten der Repatri-

ierung ihres Bruders nach Jersey zu.

Anschließend, nach den Bemühungen der Royal British Legion, der Staaten von Jersey und vieler großzügiger und verständnisvoller Bewohner von Jersey, wurden Maurice' sterbliche Überreste nach Jersey zurückgebracht und dort mit allen Ehren in dem wunderschönen Howard Davis Park am Samstag, den 3. Mai 1997, exakt 55 Jahre nach ihrer Verhaftung am 3. Mai 1942, beigesetzt.

Eine große Last wurde somit von Peter genommen, denn seine beiden Freunde Dennis und Maurice ruhten nun in der vertrauten Erde von Jersey.
Es war ein langer Kampf, der meist enttäuschend verlief, aber die Hartnäckigkeit und gute Freunde aus Jersey machten es dennoch möglich, das Versprechen einzulösen, das Peter Maurice vor so vielen Jahren im vom Krieg gezeichneten Deutschland gegeben hatte.

Peter Hassall (siehe Bild) reiste eigens aus Kanada an, um am Gottesdienst teilzunehmen, ebenso wie zwei Franzosen, die mit Peter und Maurice zusammen in Wittlich im Gefängnis waren und 1943 mitgeholfen hatten, Maurice' Sarg zu tragen. Bei der Zeremonie waren der Gouverneur von Jersey, General Sir Michael Wilkes, und Sir Philipp Bailhache, der Bailiff von Jersey, anwesend. Viele Verwandte und Freunde nahmen ebenso teil, einschließlich Bill Smith und Maurice' Schwester aus England.

(c) Jersey Evening Post

Peter Hassall starb im Dezember 1998. Seine Asche wurde in der Nähe der Stelle verstreut, an der die drei Freunde damals fliehen wollten.

Heute erinnert ein Gedenkstein auf Green Island (Jersey) an die drei Freunde, die jetzt nach so langer Zeit wieder vereint sind.

© Photograph copyright, Jersey Library, used by permission

© Photograph copyright, Jersey Library, used by permission

Maurice Goulds Grab im Howard Davis Park in Jersey

Im stillen Gedenken an Dennis Audrian und Maurice Jane Gould

© Jersey Heritage

Dennis Audrian (16 Jahre) ertrank bei dem Versuch, mit einem Boot nach England zu fliehen.

Maurice Gould
Von den unmenschlichen Haftbedingungen und den Gewaltexzessen in Hinzert erholte er sich nie mehr. Er starb im Alter von 19 Jahren an Tuberkulose im Gefängnis von Wittlich.

The Royal British Legion,
Jersey Branch,

LEGION HOUSE,
2-4 GREAT UNION STREET,
ST. HELIER, JERSEY,
JE2 3YD.
Tel: (01534) 23469
Fax: (01534) 625510

Herr Eller Schrot,
Eller Schrot Bestattungen,
Unter Kordel 7,
~~545~~ Wittlich
Germany

54516

14th May 1997

Dear Herr Schrot,

Just a quick letter to let you know how the Service went for Maurice Gould on the 3rd May, I enclose a Service Sheet.

The whole event went off so well, in fact it was perfect, so many people have told me how much they enjoyed the Service, it really was a happy occasion yet carried out it a most dignified and respectful manner, it will remain in the memory of many people for years to come.

I thank you and your company for the assistance you gave in this matter, I also thank you for letting me and Maurice's brother witness the removal of Maurice's remains.

Yours sincerely

Gerald Bisson

Gerald Bisson.

Das Dankschreiben der Royal British Legion an ein deutsches Bestattungsunternehmen.

Zeitungen u.a. „Home News" berichteten 1997 über die Repatriierung von Maurice:

Return of teenage resistance hero

BY PHILIP JEUNE

A BRITISH resistance hero lying in a German war cemetery is to be reburied with honour in the Channel Islands where he challenged the occupying forces. The move is the end of a 50-year battle by a comrade who was captured with him but survived their imprisonment in a concentration camp.

The teenagers Maurice Gould and Peter Hassall set sail from Jersey in May 1942 to try to reach the Allies with information about the German forces. Their small open boat sank two miles out. The two swam ashore and were arrested.

They were taken to Paris, tortured by the Gestapo and the SS, then moved to a concentration camp, SS Sonderlager Hinzert. Beatings and starvation took their toll of Mr Gould, who died from TB in October 1943, shortly after being transferred to a prison at Wittlich. He was 18.

Mr Hassall was moved to a coal mine in Warsaw and ultimately liberated by the Russian Army. After his repatriation, he began a campaign to bring his friend home, and discovered that he was in a war cemetery at Wittlich, along with members of the Waffen SS.

Mr Hassall, who now lives in Canada, could not trace any of his friend's surviving relatives to get their permission to move the body, and found government officials reluctant to help. He said: "The German Government said it was up to Britain, the British Government said it was Jersey's responsibility, successive Attorneys-General in Jersey told me that it

Gould: beaten in a concentration camp

was up to the War Graves Commission, who said they did not disinter and bring back civilians."

Eventually, relatives were traced with the help of local newspaper publicity. The Jersey Government has agreed to foot the £6,000 bill for the move and an undertaker has offered his services free. Mr Hassall has been helped by the president of the Jersey branch of the Royal British Legion. Gerald Bisson, who said: "It is what the island wants. We are now looking for a suitable site for Maurice's body, though it will be several months before arrangements can be made."

Mr Gould had gone to Jersey from the British mainland at the age of about two, where he was adopted by the Smith family. His half-brother, Bill Smith, said: "I can just remember him. All the family fully back what Mr Bisson and Mr Hassall are doing. He should not be buried in a German military cemetery surrounded by Germans, some of whom were SS. We are grateful to know he has not been forgotten and that he will come home at last."

145

Epilog (Peter Hassall)

Lagerpersonal des SS-Sonderlagers Hinzert:
Zwischen dem 18. Juni 1948 und dem 28. Oktober 1948 standen mehrere Mitglieder des Lagerpersonals aus Hinzert vor dem Generaltribunal in Rastatt vor Gericht. Unglücklicherweise konnten nicht alle ausfindig gemacht werden, da einige bereits getötet worden waren oder in Ostdeutschland lebten. Unter jenen, die zum Tode verurteilt wurden und in diesem Buch erwähnt werden, waren: Rottenführer Anton Pammer und der Chef der Kleiderkammer Oberscharführer Johannes Schattner. Napoleon, alias Hauptsturmführer, und Lagerführer Alfred Heinrich erhielten eine lebenslange Zuchthausstrafe mit Zwangsarbeit. Der zivile Arzt Dr. Theophil Hackethal wurde zu sieben Jahren Zwangsarbeit verurteilt. Viele ehemalige NN-Häftlinge, einschließlich Pfarrer de La Martinère, waren vorgeladen und sagten vor Gericht aus. Obgleich ich nicht persönlich anwesend sein konnte, gab ich beim britischen Außenministerium eine eidesstattliche Erklärung ab, denn die Franzosen hatten mich darum gebeten.

SS-Kommandant Hauptsturmführer Paul Sporrenberg: Dieser Feigling wurde schließlich zwischen 1959 und 1960 verhaftet. Ihm wurden schwerwiegende Verbrechen gegen die Menschenrechte vorgeworfen, doch er starb unglücklicherweise, bevor man ihn verurteilen konnte.

Der französische Kapo André Callaux wurde dem Militärtribunal in Paris 1948 vorgeführt und gab im Laufe der Verhandlungen nichts zu. Er schaffte es noch nicht einmal, die Identität seiner Ankläger anzuerkennen, die ihm im Zeugenstand gegenüber standen. Er sagte aus, er hätte französischen NN-Häftlingen „geholfen", anstatt sie misshandelt zu haben. Ihm wurde jedoch kein Glauben geschenkt, und so wurde er zu lebenslänglicher Zwangsarbeit verurteilt.

Der Schweizer Kapo Eugen Wipf „verdiente" sich letzten Endes seinen Weg aus Hinzert. Seine Herren schienen mit seiner Arbeit zufrieden zu sein, und so entließen sie ihn, um in die Waffen-SS eingezogen zu werden. Luxemburger Zeugen berichteten, dass sie Wipf zum letzten Mal gesehen hatten, als er vom SS-Lagerteil in Richtung des Reinsfelder

Bahnhofes schlenderte. Nach dem Krieg wurde er von den Schweizer Behörden verhaftet und vor Gericht gestellt. Sie verurteilten ihn zu einer langen Zuchthausstrafe. Der Grund, weshalb man ihn zum Lagerkapo ernannte, lag in der Neigung der SS, Kriminelle als Kapos einzusetzen. Es war für mich nicht verwunderlich zu erfahren, dass er nie in der Fremdenlegion gedient hatte. Er liebte einfach nur das Käppi der Fremdenlegionäre. Wipf starb nach vier Jahren in Haft.

Dr. Bithorn, Gefängnisdirektor in Wittlich, wurde von den westdeutschen Behörden 1946 verhaftet. Ihm wurde vorgeworfen, fünf deutsche Kommunisten in seiner Zeit als Gefängnisdirektor in Frankfurt vor 1941 an die Gestapo ausgeliefert zu haben. Der Gefängnispfarrer Anton Barz alarmierte viele NN-Häftlinge über die Verhaftung von Dr. Bithorn, sodass eine ganze Flut von Zeugenaussagen ehemaliger NN-Häftlinge zu seinen Gunsten ausgelöst wurde. Die Anklagepunkte gegen Dr. Bithorn wurden daraufhin fallengelassen, zum Teil durch die Aussagen ehemaliger NN-Häftlinge. Und so entschied das Gericht, dass die Gestapo die ganze Zeit über die Verantwortung für die kommunistischen Gefangenen trug und sie lediglich in Dr. Bithorns Einrichtung festgenommen wurden.

Dr. Hans de Saint Paul, Arzt im Wittlicher Gefängnis: Wiederum aus uns unbekannten Gründen verhaftete ihn die französische Justizbehörde 1947. Als Vater Anton Barz von der Verhaftung erfuhr, rief er viele ehemalige NN an oder schrieb ihnen Briefe. Aufgrund unserer Zeugenaussagen sprach man ihn in allen Punkten frei. Aber mit der Demütigung verhaftet worden zu sein, kam er nicht klar. Seine feine Wesensart erhielt einen gewaltigen Schlag, und so war er zu Recht tief gekränkt, hatte er doch nur das Beste für uns getan und gewollt. Ich schrieb ihm und Dr. Bithorn einen Brief, in dem ich mich für ihren Schutz bedankte, der mir unzweifelhaft das Leben gerettet hatte. Beide beantworteten meine Briefe, aber als ich versuchte Dr. de Saint Paul 1957 zu besuchen, war er nur dazu breit, am Telefon mit mir zu sprechen. Er bat mich, ihn nicht persönlich in seinem Haus zu besuchen. Ich war sehr enttäuscht, respektierte aber seinen Wunsch.

Pfarrer Anton Barz, Gefängnispfarrer in Wittlich: Ich bin wohl nicht in der Lage genügend oder die richtigen Worte zu finden, um meine Gefühle für Pfarrer Barz und seine Schwester Therese auszudrücken. Es ist sehr tragisch, dass weder er noch seine Schwester für ihre humanitären Hilfsleistungen geehrt wurden und ebenso für all die Risiken, die sie für die NN-Häftlinge und die Frauen im Frauenstraflager Flussbach auf sich nahmen. Glücklicherweise konnte ich ihn 1946, 1947, 1957 und 1958 besuchen. Er hatte sich überhaupt nicht verändert, und seine Fürsorge galt wie immer den anderen. Seine Schwester Therese lebte 1990 noch, als ich sie in Wittlich besuchte. Sie freute sich wie ein kleines Kind, wenn sie über ihren Bruder erzählen konnte, und gab mir einige Andenken an meinen Lieblingspriester mit. **Monsignore Anton Barz** ging 1966 in den Ruhenstand in ein kleines Dorf nahe Wittlich, nachdem er dreißig Jahre im Wittlicher Gefängnis gearbeitet hatte. Er starb am 22. Juli 1988. Er wird schmerzlich von jenen vermisst, die das Privileg und die Ehre hatten, ihn kennen gelernt zu haben.

Pfarrer de La Martinière war geradezu besessen an der Aufarbeitung von Hitlers Nacht- und Nebel-Erlass. Er erlebte das Kriegsende im KZ Dachau zusammen mit vielen anderen Priestern. Vater Joseph war fest entschlossen, den Ursachen unserer Verhaftung auf den Grund zu gehen, obgleich viele Akten über NN-Häftlinge von der SS und der deutschen Justiz vernichtet worden waren. Er reiste durch ganz Deutschland, Frankreich, Luxemburg und Polen und sammelte dort jedes Beweisdokument, das er finden konnte. Ebenso interviewte er Hunderte früherer NN-Häftlinge und schrieb noch viele weitere an und bat sie um ihre Zeugenaussagen. Die Ergebnisse waren Berge von Beweismaterial, die nun dem Museum der Résistance in Besançon (Frankreich) gehören. Pfarrer de La Martinière ist auch Mitbegründer unsere NN-Organisation „Souvenir de la Déportation NN". Heute im Mai 1997 ist sein Verstand noch genauso messerscharf wie eh und je. Als ich ihn zuletzt sah, fuhr er immer noch Auto und schrieb eifrig an seinem zweiten, dritten und vierten Band über seinen persönlichen Kreuzweg. Pfarrer Joseph wurde nie von einem Sondergericht verurteilt, da sie ihn als unschuldig einstuften. Und dennoch verbrachte er drei Jahre in Konzentrationslagern und Gefängnissen. Er ist immer noch erbost über die Art und Weise, wie wir behandelt wurden, aber ich bin nicht sein Beichtvater, und ich kann nicht sagen, ob er seinen Feinden vergeben hatte, und falls dem so wäre, hatte er dies bestimmt nur mit einem großen Maß an Widerwillen getan.

Pierrot Marionneau (petit Pierre): Der kleine Pierre, der Mann mit dem großen Herzen, lebt heute im Ruhestand in der Stadt Mer, in der Nähe von Orléans, Frankreich, gemeinsam mit seiner Frau Colette. Nachdem er 1945 aus Deutschland zurückgekehrt war, arbeitete er im Blumenladen seines Vaters und leitete diesen über viele Jahre. Sein jüngerer Bruder Roger führt die Familientradition der Marionneaux fort, nahe am historischen Schloss von Chambord, in das die französische Regierung im Mai 1940 floh, als die Deutschen vorrückten. Pierre ist ein aktives Ratsmitglied unserer Organisation ebenso wie in örtlichen Veteranenverbänden. Seine Gesinnung hat sich nicht geändert, und sein Herz ist noch genauso groß, wie es damals war.

Gerald van Rijckevorsel van Kessel schaffte es gemeinsam mit Henk Klerkx zurück nach Hause. Wie angegeben, gingen sie nicht mit den Franzosen in das Sanatorium nach Hirschberg (heute Jelena Gora) am 9. Mai 1945, denn sie teilten deren Angst vor den Russen. Stattdessen gingen er und seine Freunde Henk Clerkx und Pierre Tourneux westwärts und erreichten schließlich die Amerikanische Besatzungszone. Nach dem Krieg emigrierten er und seine Frau Els in die USA, wo ihre drei Kinder geboren wurden. Dort blieben sie sechzehn Jahre lang, bevor es die beiden zurück in ihr Heimatland zog, wo er eine komfortable Rente, aufgrund deutscher Entschädigungsleistungen, bezog. Paradoxerweise wurde er vom niederländischen Nachrichtendienst verhört, da er von jemand denunziert wurde, er habe in den Jahren 1942 bis 1945 mit den Deutschen kollaboriert. Der Informant unterstellte Gerald, nach Deutschland gegangen zu sein, um Arbeit zu finden. Beide, Gerald und Henk Clerkx, der ebenfalls im Ruhestand nach langer Zusammenarbeit mit einem Seeverkehrsunternehmen ist, leben heute in der Nähe von s'Hertogenbosch, Holland.

Lucien Vautrout, der Widerstandskämpfer aus Chalons sur Saône, überlebte den Krieg, obwohl ich nicht weiß, wie er das geschafft hat. Er lebt in Sennecey le Grand außerhalb von Chalons-sur-Saône zusammen mit seiner wundervollen Frau Odette. Kürzlich verlor er seinen einzigen Sohn, der ihm sehr nahestand, und so trauert er bis heute um ihn. Luciens Akte beim Internationalen Suchdienst des Roten Kreuzes in Bad Arolsen hat die Nummer TD/896 866. Die Akten offenbaren, dass er in vielen Lagern war, eines schlimmer als das andere. Das Sondergericht verurteilte ihn zu acht Jahren Zwangsarbeit, vor allem aufgrund seiner Verbindungen zu den Kommunisten. Lucien war als Häftling in Chalons-sur-Saône (Gefängnis), Dijon (Gefängnis), Fresnes (Gefängnis), Trier (Gefängnis), Hinzert (Konzentrationslager), Breslau (Gefängnis), Brieg (Gefängnis), Groß-Rosen (Konzentrationslager), Hersbruck (Konzentrationslager), Sachsenhausen (Konzentrationslager), Flossenbürg (Konzentrationslager). Er berichtete mir, dass Hersbruck, ein Außenlager von Flossenbürg, das schlimmste von allen war. Ich habe keine Ahnung, wie Lucien dieses Schicksal überlebt hat. Sein Sinn für Humor ist auch heute noch ansteckend. Während ich gerade mit seiner Frau Odette eine Tasse Kaffee in der Küche trank, betrat eine Gestalt in einer gestreiften KZ-Kleidung den Raum. Ich war total erschrocken, weil ich Lucien im Schatten nicht wiedererkannt hatte. Lucien trug die gestreifte KZ-Kleidung den ganzen Weg zurück nach Frankreich und schlug alle Bitten, doch angemessene Zivilkleidung zu tragen, aus – die gestreifte KZ-Kleidung war das eindeutige Merkmal, dass er überlebt hatte. Wie ich schon sagte, Lucien ist ein tapferer Mann mit einem großen Sinn für Humor!

Die bretonische Gruppe: Guy Faisant, Gilbert Anquetil, Yves Le Moigne, Jacques Tarrière und Michel Goltais schafften den Weg zurück nach Frankreich. Das jüngste Mitglied ihrer Gruppe und jüngste bekannte NN-Häftling Pascal Lafaye starb beim Arbeitskommando Nordhausen am 5. Mai 1945 durch den Abwurf amerikanischer Bomben auf die Rüstungsfabrik, in der Pascal arbeitete – gerade drei Tage vor der Kapitulation. Seine Mutter, die auch in den „bretonischen Fall" verstrickt war, starb am 14. April 1945 in Jauer, Deutschland. In Rennes wurde eine Schule nach Pascal Lafaye benannt. Eine Straße, die rue Marie et Pascal Lafaye, ist ebenfalls nach Pascal und seiner Mutter benannt. Jacques Tarrière gelang es, nach Frankreich zurückzukehren, er starb aber kurze Zeit später. In Rennes benannte man eine Straße nach ihm, und auf dem Schild sind seine Lebensdaten zu lesen: 1926 – 1945. Der unermüdliche Guy Faisant setzte sich nun in Rennes zur Ruhe und half dabei, eine wundervolle Gedenkstätte für alle Deportierten der Departements von Ille und Villaine in der Bretagne zu errichten. Dazu wurden Steine aus vielen Konzentrationslagern zusammengetragen, auch einer aus Hinzert. Guy Faisant ist ein hochgeschätzter französischer Held, und so wurden er und andere junge Bretonen zu Rittern der Ehrenlegion ernannt. Ich war sehr betrübt, als ich kürzlich vom Tod von Yves LeMoigne erfuhr. Jetzt sind nur noch Guy Faisant und Michel Goltais aus der Gruppe dieser sechs tapferen und jungen Bretonen übrig. Ich war sehr stolz, dass sie am 3. März 1997 anwesend waren, als die Gebeine von Maurice in Jersey bestattet wurden.

Strafgefängnis Wittlich: Als das Gefängnis von Wittlich von amerikanischen Truppen befreit wurde, kamen auch zwei französische Offiziere mit den Befreiern. Es ist überliefert, dass entweder die französischen Offiziere oder die Amerikaner alle NN-Dokumente von den in Wittlich Inhaftierten konfiszierten. Unglücklicherweise wurde bislang keine Spur von den Dokumenten aus Wittlich gefunden. Das einzige Dokument, das es über den Autor gibt, ist ein Bestandsbuch, das darlegt, dass Peter Hassall am 20. November 1926 geboren und als „Koch" registriert wurde. Heute ist das Gefängnis von Wittlich fast doppelt so groß wie 1942. Die Räume sind in Pastellfarben gestrichen und vor den Zellen hängen Blumenkübel. Die berühmten Nachttöpfe wurden durch moderne Sanitäranlagen ersetzt, und obwohl es Karten an den Türen der einzelnen Zellen gab, sah ich, dass sich die Angaben auf die Essensausgabe bezogen: Der Insasse erhielt Weiß- anstelle von Schwarzbrot und ihm stand eine extra Portion Milch zu. Die heutige Gefängnisverwaltung weiß von Dr. Bithorns (Wohl-)Taten ebenso wie von den tapferen Bemühungen von Pfarrer Anton Barz, Oberlehrer Klein und Dr. Hans de Saint Paul.

SS-Sonderlager Hinzert: Viele Luxemburger wurden nach Hinzert geschickt, um „diszipliniert" zu werden. Sie kamen Anfang 1941 nach Hinzert, aber nach dem Luxemburger Generalstreik gegen die deutsche Besatzungsmacht folgten Hunderte mehr. Hinzert wurde für viele, die dort getötet wurden, zur Endstation. Sie wurden in der Nähe des Lagers erschossen und verscharrt. Es gab weder Särge noch einen Gottesdienst. Später wurden die Opfer mit allen Ehren repatriiert. Nach dem Krieg wurde auf dem SS-Lagerteil eine kleine Kapelle gebaut. Neben ihr befinden sich Hunderte Kreuze. Der Friedhof in Hinzert ist immer noch ein oft genutzter Sammelplatz für viele von uns, die in diesem entsetzlichen Lager waren. 1945 plünderten die Deutschen, während der Nachkriegsjahre, rasch das Lager auf ihrer verzweifelten Suche nach Heizmaterial [49]. Das letzte noch übrig gebliebene Gebäude war die Verwaltungsbaracke, in der einst auch die Quarantänestation war. Die Pfosten des Lautsprechers überlebten ebenso, doch das Land wurde nach und nach wieder von den hiesigen Bauern beansprucht, die von unserer Zwangsarbeit und unserem Leiden profitierten. Ihre Felder sind frei von Steinen und Wurzeln. Als ich das letzte Mal dort war, sah ich wunderschöne grüne Wiesen, immer noch viele Rübenfelder, und der Duft der Kiefern war noch genauso kräftig wie am 17. Juni 1942. Ich nahm mir ein Stück Erde aus dem Feld und war nicht sonderlich überrascht, als ein Bauer mich dabei sah und seinen Kopf schüttelte, während ich die Erde in meine Taschen stopfte. Die Straße über dem Lager, die nach Trier führt, wo wir die Baumstümpfe damals herausreißen mussten, ist schön und breit und führt am Friedhof und dem einstigen Lager vorbei. Das einzige noch existierende Gebäude des SS-Sonderlagers war das Haus des Lagerkommandanten Paul Sporrenberg, in dem ein deutscher Friedhofsverwalter wohnte, der von der deutschen Regierung dafür bezahlt wurde, den Friedhof mit den Opfern des Lagers zu pflegen. Für ihn wurde neulich [50] ein neues Haus gebaut, denn das alte Kommandantenhaus fiel auseinander, und nur das Fundament blieb übrig. Gut möglich, aber dafür haben ich keine Hinweise, dass die Luxemburger die letzte Baracke nach Luxemburg geschafft haben, um sie in ein kleines Museum zu verwandeln.

Maurice Gould – Über einen Zeitraum von mehr als 50 Jahren versuchte ich die sterblichen Überreste von Maurice nach Jersey zurückzubringen, aber meine Bemühungen waren nie erfolgreich. Vielleicht war ich deshalb nicht erfolgreich, weil ich beinahe auf der ganzen Welt stationiert war und meine Wahlheimat (Kanada) Tausende Kilometer von Jersey, Wittlich und dem Vereinigten Königreich entfernt lag. Und dennoch machten es die neuerlichen Bemühungen der Staaten von Jersey und der Jerseyer Abteilung der British Legion möglich, Maurice' sterbliche Überreste letztendlich auf die Insel zurückzubringen, wo er als nationaler Held anerkannt wurde, dessen Repatriierung unumgänglich gewesen sei.

Im Januar 1997 votierten die Staaten von Jersey dafür, ausreichende finanzielle Mittel zur Verfügung zu stellen, um die Kosten der Überführung von Deutschland nach Jersey zu übernehmen. Am Montag, dem 17. März 1997, wurden seine Gebeine auf dem deutschen Militärfriedhof exhumiert und am 3. Mai 1997 neben anderen gefallenen britischen Helden im Howard Davis Park wieder beigesetzt. Die Umbettung war keine schmerzliche Angelegenheit für mich, denn ich hatte meine beiden bretonischen Freunde an meiner Seite: Guy Faisant und Michel Goltais mit ihren Frauen. Darüber hinaus war Madame Jacqueline Leitman, die Vizepräsidentin unserer NN-Organisation, anwesend, um stellvertretend für alle überlebenden NN-Häftlinge an der Feier teilzunehmen. Meine beinahe ein halbes Jahrhundert andauernde Kampagne ist vorbei – Maurice ist wieder zu Hause.

Der Epilog, den Peter Hassall am Ende seines Buches verfasst hatte, beinhaltet noch weitere Personen und Orte. Der Übersetzer hat nur diejenigen Personen und Orte aufgenommen, die in der vom ihm übersetzten Version erwähnt wurden.

Schlussbemerkung (Peter Hassall)

In den ersten Kapiteln des Buches versuchte ich, die Ereignisse zwischen Juli 1940 und der Nacht vom 3. auf den 4. Mai 1942 zu schildern. Diese Schilderungen erheben nicht den Anspruch, historische Fakten wiederzugeben, sondern beschreiben vielmehr unsere Sichtweise und Perspektive auf die deutsche Besatzung, die sich auf so tragische Weise auf unser Leben auswirken sollte. Junge Männer wie wir hatten bereits klare und deutliche Wertvorstellungen. Wir beschäftigten uns nicht mit Einzelheiten und genossen das Leben in unserer Welt in vollen Zügen. Doch am 1. Juli 1940 zerfiel diese Welt, als unsere idyllische Insel von den Deutschen besetzt wurde, und temperamentvolle junge Kerle wie wir konnten dies nur schwer ertragen.

Das Buch entstand hauptsächlich aus zwei Tagebüchern, die ich im letzten Jahr meiner Gefangenschaft bei mir hatte. Ich versuchte, mich so eng an die Fakten zu halten wie nur irgend möglich, veränderte aber verschiedene Namen, um Unschuldige zu schützen.

Obwohl das Buch über eine ganz bestimmte Gruppe von NN-Häftlingen geschrieben wurde, erstreckte sich der NN-Erlass auf ganz Westeuropa ebenso wie auf die Mitglieder der SOE [51], die man nach Mauthausen, Ravensbrück, Buchenwald und in andere von der SS geführte mörderische Lager schickte – man sollte sich darüber im Klaren sein, dass die Mitglieder der SOE rechtmäßige Soldaten waren, die unter dem Schutz der Genfer Konvention von 1929 standen. Und dennoch ließ Hitler viele von ihnen bei Nacht und Nebel einsperren, um damit die Alliierten davon abzuhalten, noch mehr Agenten nach Frankreich oder in die besetzten Gebiete zu schleusen. Dies soll auch ihre Geschichte sein, denn auch sie wurden unwissentlich Opfer von Hitlers verbrecherischem NN-Erlass.
Unsere kleine Organisation „Souvenir de la Déportation NN" veröffentlicht alle vier Wochen eine kleine Zeitschrift. Frühere NN-Deportierte aus Hinzert, Groß-Rosen, Jauer, Sonnenburg, Köln, Brieg, Wolfenbüttel, Düsseldorf, Wittlich, Breslau, Schweidnitz, Hirschberg, Anrath, Langenbielau, Kamenz, Diez, Bautzen, Lübeck, Groß-Strelitz und anderen Haftstätten bleiben so miteinander in Kontakt.

Es sind nicht mehr viele von den ca. 6000 französischen NN-Häftlingen übrig, aber für alle, die noch gesundheitlich dazu in der Lage sind, findet einmal im Jahr ein Treffen irgendwo in Frankreich, den Niederlanden oder Belgien statt. Während dieser Treffen reden wir über vergangene Tage und erinnern uns an verstorbene Freunde. Und einer meiner Freunde, der spätere Colonel Roger Delachoue, sagte zu mir: „Peter, es ist Zeit, deine Erinnerungen auf Papier zu bringen, bevor es zu spät ist." Ich entgegnete, dass ich nicht viel zu sagen hätte, aber Roger wiederholte immer wieder: „Peter, du gabst Maurice das Versprechen, seine Geschichte zurück nach Jersey zu bringen." Ich erwiderte, dass ich das bereits getan hatte, indem ich seine Angehörigen über sein Leben und seinen Tod in Deutschland aufgeklärt hätte. Roger aber ließ nicht locker, denn ich hätte die Verpflichtung, dieses Buch zu schreiben, um der englischsprachigen Welt vom Schicksal der NN-Häftlinge zu berichten.
Er hatte recht, und ich habe mein Wort nicht gebrochen. Mein großer Wunsch ist, dass dieses Buch etwas mehr über das traurige Schicksal der NN-Deportierten enthüllen wird.

Es war für mich sehr schwierig, dies alles zu schreiben, und während ich die Jahre zurückdrehte und in meine Tagebücher blickte oder einige meiner Kameraden interviewte, gab es Zeiten, wo es fast unerträglich war. Jetzt kann ich das Buch beiseite legen und über andere Geschichten in meinem Leben schreiben.

Ich hoffe, dass ich niemanden beleidigt, mich bezüglich bestimmter Orte nicht vertan oder einen Namen vielleicht nicht richtig buchstabiert habe. Es lag dann an meinen trüben Augen und daran, dass ich einfach nicht mehr Kraft aufbringen konnte, genauso wie ich Hitlers Nacht- und Nebel-Erlass nicht entkommen konnte, der mir die Leben von Dennis und Maurice genommen und mich seit Mai 1942 nicht mehr ruhig schlafen lässt.

Anhang

Das Gefängnis in der damaligen Kletschkaustraße Wrocław/Breslau
Photo: Geert Van den Bogaert

Mahnmal für die NN-Deportierten in Wrocław/Breslau
Photo: Geert Van den Bogaert

Aufstellung der auf dem Friedhof in Wittlich verstorbenen Häftlinge der Vereinten Nationen

ITS 014

- 4 -

Commune de Wittlich (suite)

	Name	Geb.	Gest.	Ort		Feld		Grab
53)	RESBEUT Victor	16.10.84	24.2.43	Wittlich	Feld	8	Grab	2
54)	REYS Marceau		8.1.45	"	"	8	"	38
55)	ROCHER Marcel		8.1.45	"	"	8	"	60
56)	RONTEAU Gabriel	22.3.12	8.1.45	"	"	8	"	53
57)	ROY Jean		13.2.45	"	"	8	"	18
58)	RUFFIN Maurice	20.5.97	22.4.44	"	"	8	"	31
59)	SAHUT Marcel	12.2.18	18.11.44	"	"	8	"	14
60)	SANGNIER Jules	12.8.17	8.1.45	"	"	8	"	66
61)	SARDIN René	10.5.10	22.5.43	"	"	8	"	17
62)	SEM Robert		8.1.45	"	"	8	"	65
63)	SERE Auguste		8.1.45	"	"	8	"	45
64)	SIMPN Gaston	19.8.22	19.1.43	"	"	8	"	101
65)	SIMONET Louis	14.11.74	10.8.43	"	"	8	"	9
66)	SOLTYS IK Theodore	9.12.22	5.2.43	"	"	8	"	15
67)	TAINE Albert	25.12.09	8.1.45	"	"	8	"	59
68)	THOUVENIN Louis	22.6.10	23.5.43	"	"	8	"	16
69)	TIMBERT Gaston		13.2.45	"	"	8	"	48
70)	TURUT Lvonel	23.4.10	7.3.45	"	"	8	"	13
71)	INCONNU	inc.	inc.	"	"	8	"	98
72)	INCONNU	inc.	inc.	"	"	8	"	100
73)	LAPEYRE René	13.2.15	8.1.45	"	"	8	"	36

Nationalité : Britannique

	Name	Geb.	Gest.	Ort		Feld		Grab
1)	GOULD Maurice	31.5.24	1.10.43	"	"	8	"	7

Nationalité : Russe

	Name	Geb.	Gest.	Ort		Feld		Grab
1)	ACHRIMTSCHUK Stan.	29.9.39	18.11.44	"	"	6	"	332
2)	ARCHIFENKO Peter	6.4.13	7.4.45	"	"	18a	6"	10
3)	BERANOWSKAJA Swertlana	24.10.44	29.4.45	"	"	6	"	336
4)	BIKOW Wladimir	10.4.24	28.3.44	"	"	18	"	15
5)	BRAYS Wera		26.5.44	"	"	6	"	320
6)	DUCHLY Andrei	23.2.38	22.11.44	"	"	18a	"	6
7)	ILCZEK Melanie	1919	19.5.44	"	"	18	"	26
8)	KAPUSTJAN Petz	10.44	27.3.45	"	"	6	"	334a
9)	KOROTIEN Nikolai	24.7.23	7.6.44	"	"	18a	"	2
10)	KWASUK Anna	3.12.08	23.5.45	"	"	18	"	16
11)	KYNZENKO Griescha	1944	11.5.45	"	"	6	"	339
12)	MARTINOWA Ewdokia	17.4.08	26.4.44	"	"	18a	"	1
13)	NEDOSTUPOWA Eugenia	2.7.43	27.8.44	"	"	6	"	327
14)	NIGIPORYK		7.4.45	"	"	18a	"	9
15)	NORBIT Petrow	44 ans	24.4.45	"	"	18a	"	13
16)	PANTSCHUK Alexei	12.4.39	5.5.44	"	"	6	"	319
17)	PAWLUK Nikolai	20.10.39	24.4.44	"	"	6	"	318a
18)	PERETJATKO Ekater.	1927	16.2.45	"	"	18a	"	8
19)	PLATONOWNA Nina	1939	26.4.44	"	"	6	"	318
20)	SCHATOWSKI Martin	1912	11.4.45	"	"	18a	"	12
21)	SZEWERTOKA Motrija	23.2.19	28.7.43	"	"	9	"	16
22)	TIMOSCHUK Xenia	1886	24.7.44	"	"	18a	"	4
23)	TOMIN Maxim	8.10.04	10.11.44	"	"	18a	"	7
24)	TSCHRUPIKOWA Olga	25.7.24	18.8.44	"	"	18a	"	5
25)	ZWARJEZ Nikolai	1883	2.7.44	"	"	18a	"	3
26)	INCONNU	inc.	inc.	"	"	8	"	79
27)	INCONNU	inc.	inc.	"	"	8	"	80
28)	INCONNU	inc.	inc.	"	"	8	"	81
29)	INCONNU	inc.	inc.	"	"	8	"	82
30)	INCONNU	inc.	inc.	"	"	8	"	83

Nationalité : Belge

	Name	Geb.	Gest.	Ort		Feld		Grab
1)	BAERT Achille	27.4.99	21.3.44	"	"	8	"	94

-5-

Transportliste des Wehrmachtsgefängnisses in Fresnes (bei Paris)
zur Überstellung von Häftlingen über das Gefängnis Trier in das SS-Sonderlager/ KZ Hinzert. Die von Hand geschriebenen Nummern entsprechen den späteren Haftnummern im KZ Hinzert.

Der Beauftragte
des Chefs der Sicherheitspolizei
und des SD für den Bereich
des Militärbefehlshabers in Frankreich
Paris

P a r i s, den 9.6.1942

IV P. 44/41

An die
Verwaltung des Kriegswehrmachts-
gefängnis Fresnes,

P a r i s.

Ich bitte davon Kenntnis zu nehmen, dass am Freitag den 12.6.1942 die nachstehend genannten und dort einsitzenden Häftlinge mittels Sammeltransport nach T r i e r überstellt werden:

9369 1. A n c i a u x	Raymond, geb. 8.11.1913	?
9365 2. B e r t h i e r,	Antoine, geb. 13.4.1904	?
9363 3. C a l l a u x,	André, geb. 10.12.1897	?
9364 4. C l a v e r i a,	Carciales, geb. 21.5.1898	?
9365 5. C l a v e r i a,	Mariano, geb. 28. (23.) 5. 02	?
9369 6. D e s l r o n t,	Gabriel, geb. 18.4.1923 Reims,	
9370 7. D r o i n,	Pierre, geb. 5.11.1895	?
8. D u q u e s n o i s,	Remy, geb. 18.11.1888	
9379 9. G o u l d,	Maurice, geb. 31.5.1924	?
9380 10. G o u l l o n,	Laurent, geb. 21.12.1896	?
9391 11. H a s s a l l,	Peter, geb. 20.11.1926	?
9392 12. L o s e n e c h,	Louis, geb. 23.6.1889	?
13. M a r c h a l,	Josef, Jean, geb. 18.10.1878	?
9393 14. M a r c h a l,	Robert, Edmond, geb. 3.3.1903	?

- 2 -

1592 15.	Odille	Fernand, geb. 9.10.1923	¥
1377 16.	Verdoux,	René, geb. 21.8.1888	St. Denis,
9180 17.	Simonnou,	Pierre, geb. 26.6.1897	¥
18.	Schier,	Anatole, geb. 28.8.1876	Hermanville,
19.	Ricou,	Jacques-Tony, geb. 10.8.1912	
9881 20.	Wellain	Marcel, geb. 9.7.91	Paris.
9883 21.	Bal	Jean-François, geb. 21.3.96 Toulojong

Die Genannten sind für den 12.6.1942 ab 15 Uhr für den Abtransport bereitzuhalten. Den Häftlingen ist für einen Tag Marschverpflegung mitzugeben.

Für den in der Liste unter Nr. 19 aufgeführten Häftling, sind die dort ev. vorhandenen Utensilien, Wertsachen oder Geld, getrennt von den Sachen der andern Häftlinge zu halten und auf einer besondern Liste aufzuführen.

-.-.-.-.-.-

Im Auftrage:

(gez.) Schmäling

beglaubigt:

Oberscharführer.

SS Sonderlager Hinzert
H-Administration

Offizielle Todesursache von Maurice Gould

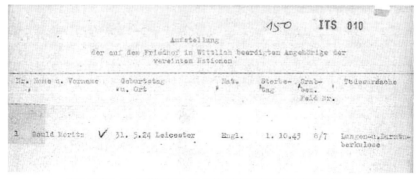

Copy of Doc. No. 70838521#1 (2.1.3.1/0145-0190/0182 (WITTLICH)/0010)
in conformity with the ITS Archives

Pfarrer Anton Barz – Gefängnisseelsorger in Wittlich

Anton Barz
(Photoarchiv: Dieter Burgard)

Die präparierte Bibel
des Gefängnisseelsorgers
(Photoarchiv: Dieter Burgard)

Pfarrer Anton Barz wird in allen Bereichen von ehemaligen Strafgefangenen, auch des Lagers Flussbach, als deren Freund genannt. Unter Zurückstellung seiner eigenen Person, ja in der Gefahr selbst inhaftiert zu werden, gab er den Gefangenen Brot und andere Lebensmittel. Besondere Verdienste erwarb er sich bei der Herstellung von Kontakten zu den Angehörigen der Häftlinge. Deren Briefe schmuggelte er mit Hilfe einer ausgehöhlten Bibel, die heute noch existiert, herein und heraus. Er war jeden Tag für die Gefangenen da. Obwohl jeglicher Kirchgang verboten war, ermöglichte Direktor Bithorn dies dem Pfarrer. Dicht gedrängt saßen die Häftlinge in den Bänken und lauschten seinen Predigten. Er gab ihnen Trost und Hoffnung. Nach dem Gottesdienst waren die Fliesen feucht von den Tränen der Häftlinge.

(Vgl. Burgard, S. 106-110.)

Dank

Nach der Fertigstellung möchte ich die Gelegenheit nutzen, um mich bei all jenen bedanken, die mir mit Dokumenten, Hinweisen, Fotos und Ratschlägen bei der Übersetzung geholfen haben und die bislang namentlich nicht erwähnt wurden.

Auch wenn in der Originalversion von Peter Hassall keine Dokumente oder Fotos vorkommen, war es mir doch wichtig, an der einen oder anderen Stelle einige Quellen einzufügen.

Linda Romeril (Jersey Heritage)
Stuart Nicolle (Jersey Heritage)
Heather Morton (Jersey Library)
Adolf Welter (Heimatforscher)
Thomas Zuche (AG Frieden, Trier)
Gerald Bisson (Royal British Legion, Jersey Branch)
Geert van den Bogaert (American Battle Monuments Commission)
René Bienert und Dr. Susanne Urban
(Internationaler Suchdienst in Bad Arolsen)
Sylvia Dare
Dr. Paul Sanders (Historiker)
John Varcoe (Jersey Evening Post)
Dieter Burgard (Vorsitzender des Fördervereins)
Eller-Schrot Bestattungsunternehmen (Wittlich)
Friedhofsverwaltung Wittlich

Anmerkungen

1 Die 1997 erschienen Erinnerungen von Peter Hassall (NIGHT AND FOG or LOST IN THE NIGHT AND FOG or THE UNKNOWN PRISONERS, gibt es als Download (PDF) auf der Internetseite des Jersey Heritage
http://www.thisisjersey.co.uk/hmd/pageviewer2.pl?Autoincrement=000014
(Stand: Juni 2012)
2 Band 21, Hrsg. von Wolfgang Benz und Barbara Distel, 2005, S. 73 ff.
3 Download für die Synopse:
http://www.thisisjersey.co.uk/hmd/html/hassallsynopsis.html
4 Siehe auch: Christel Trouvé: Die Nacht und Nebel Deportationen aus Westeuropa 1942 – 1945, in „Konzentrationslager, Sonderlager, Polizeihaftlager", Landeszentrale für politische Bildung (Hg.), Alzey 2007, S. 98.
5 Christel Trouvé, ebenda, S.99.
6 Siehe auch: Christel Trouvé: Die Nacht und Nebel Deportationen aus Westeuropa 1942 – 1945, in Dachauer Hefte, Band 21. Hrsg von Wolfgang Benz und Barbara Distel, Dachau 2005, S. 53.
7 Volker Schneider: Waffen-SS. SS-Sonderlager Hinzert. Das Konzentrationslager im Gau Moselland, Otzenhausen, 1998, S 144.
8 Schneider, ebenda, S,144.
9 Trouvé, ebenda, S. 54.
10 De La Martinière, S. 71.
11 Vgl. Schneider, ebenda, S. 145.
12 Die Opferangaben beziehen sich hier auf sämtliche in Hinzert bislang nachgewiesen Häftlingsgruppen, d.h. nicht nur NN-Deportierte.
13 Schneider, ebenda, S. 97.
14 Weitere hilfreiche Informationen über die Nacht- und Nebel-Häftlinge findet der interessierte Leser hier: Bader, Uwe: Hitlers „Nacht- und Nebel-Erlaß" vom 7.12.1941 und seine Bedeutung für die Forschungen zur Geschichte des ehemaligen SS-Sonderlagers/KZ Hinzert. In: Sachor 11 - Beiträge zur jüdischen Geschichte und zur Gedenkstättenarbeit in Rheinland.-Pfalz (1996), S. 38-41 oder Gruchmann Lothar: „Nacht- und Nebeljustiz". Vierteljahreshefte für Zeitgeschichte, Jahrgang 29 (1981), Heft 3. Als PDF-Download auch hier erhältlich: www.ifz-muenchen.de/heft archiv/1981_3_2_gruchmann.pdf
15 Darunter versteht man im Allgemeinen die Zeit von der Kriegserklärung Frankreichs und Großbritanniens an Nazi-Deutschland am 3.09.39 bis zum Beginn des Einmarsches deutscher Truppen am 10. Mai 1940. Sitzkrieg oder seltsamer Krieg kommt daher, weil die Nationen zwar im Kriegszustand waren, sich aber überwiegend passiv verhielten und abwarteten, was der Gegner macht.
16 Siehe auch: Roy McLoughlin, Britische Inseln unter dem Hakenkreuz, 2003, S. 19 ff.
17 Die Wehrmacht verfügte 1942 über annährend 37 000 Soldaten auf den Kanalinseln. Siehe auch: Roy McLoughlin, ebenda, S. 75 ff.
Um die Moral der Truppe aufrecht zu erhalten, gab es sogar „Inselzeitungen" für die

deutschen Besatzer. Wie in allen besetzten Ländern arbeiteten auch hier u.a. verschleppte Zwangsarbeiter unter unmenschlichen Bedingungen an gewaltigen Festungsanlagen. Der Anblick der verdreckten, ausgezehrten und in Lumpen gehüllten Zwangsarbeiter blieb auch den Bewohnern der Kanalinseln nicht verborgen.

18 Nachdem sein Außenbordmotor ausgefallen war, ruderte er drei Tage gen Land und schlief nachts nur gelegentlich. Er hatte weder Nahrung noch Wasser und wurde am Ende des dritten Tages kurz vor der Küste von einem britischen Zerstörer an Bord genommen

19 „Strenges Verhör" bedeutete in der NS-Zeit nichts anderes als Prügel- und Gewaltorgien seitens der „Befrager".

20 Der SS-Lagerteil war zwar nicht mit Stacheldraht, wohl aber mit einem Jägerzaun umgeben.

21 Wenn die Häftlinge mit dem Zug in Reinsfeld ankamen, wurden sie meist direkt ins Lager getrieben. Über den Ort Hinzert zu gehen, wäre in diesem Fall ein Umweg gewesen.

22 Gemeint ist hier nicht der Kommandant des Lagers, sondern der „Schutzhaftlagerführer" oder in SS-Akten auch als „Lagerführer" bezeichnet. Dieser unterstand dem Lagerkommandanten und trug die Verantwortung für die „Blockführer", „Erzieher" und „Kapos". Außerdem war er für den Arbeitseinsatz der Häftlinge zuständig.

23 Paul Sporrenberg, der das Lager vom 23. April 1942 bis zum 17.01.1945 leitete, war von seinem Dienstrang in der Tat „Hauptsturmführer" (etwa vergleichbar mit einem Hauptmann). Diesen Dienstrang erhielt er aber erst ab November 1943.

24 Nach heutigem Kenntnisstand dürfte der Lagerzaun sogar noch höher gewesen sein, ca. 3,50 Meter hoch und oben mit Stacheldraht versehen.

25 OXO - Unter der Handelsmarke „OXO" gibt es in England Brühwürfel mit verschiedenen Geschmacksrichtungen.

26 Für Hinzert sollte man zwischen Häftlingsfunktionären (Kapos, Stubenälteste) und Funktionshäftlingen unterscheiden; letztere hatten ein bestimmtes Aufgabenfeld (Schreiber, Werkstätten,…) und waren nicht so privilegiert wie „Kapos", die ihre Mithäftlinge zu beaufsichtigen hatten. Siehe Schneider, ebenda. S.159.

27 Bei den Gewichtsangaben handelt es sich um britische Pfund (lb). Ein Pfund in Großbritannien entspricht ca. 0,45 kg im Gegensatz zu einem deutschen Pfund, das 0,5 kg wiegt.

28 Gemeint ist hier die Quarantäne-Baracke.

29 Sondergerichte für NN-Häftlinge gab es u.a. in Kiel, Köln, Dortmund und Berlin. Bereits ab der zweiten Hälfte des Jahres 1943 wurden die NN-Prozesse zunehmend in den Osten verlagert, z. Bsp. Kattowitz und Breslau, siehe auch: Gruchmann, ebenda. Gruchmann.

30 Gemeint ist hier die Evakuierung von ca. 330 000 meist britischen Soldaten nach Großbritannien aus der von den Deutschen eingekesselten Stadt im französischen Dünkirchen. Die Briten sprachen vom so genannten „Wunder von Dünkirchen", mit

dem sie ihre Soldaten vor der deutschen Kriegsgefangenschaft bewahrt hatten. Viele Franzosen fühlten sich jedoch im Stich gelassen.

31 Der Ort liegt ca. 1 km vom Lager entfernt. Dass man die Schreie der Häftlinge außerhalb des Lagers hören konnte, ist auch durch andere Quellen belegt. So beschwerte sich im März 1944 eine Frau aus Hermeskeil in einem anonymen Schreiben an Heinrich Himmler: „… Das Lager soll doch ein Erziehungslager sein. Macht man das mit Schlägen? Leute, die in der Nähe des Lagers mit Feldarbeiten beschäftigt sind, hören oft die Gefangenen schreien."
Quelle: Marcel Engel / André Hohengarten: Das SS-Sonderlager im Hunsrück 1939-1945, Luxemburg 1983, S. 433-439.

32 Im Revier arbeiteten auch mehrere französische Häftlingsärzte. Sie wussten mit bescheidenen Mitteln Schlimmeres zu verhindern. Ihre Dienste wurden auch von SS-Männern und dem Kommandanten Sporrenberg in Anspruch genommen. Auch luxemburgische Häftlingsärzte sind nachweisbar. Als Beispiel sei hier der luxemburgische Arzt Dr.Theo Alén genannt, der im Hermeskeiler St- Joseph-Krankenhaus arbeitete, wo eine Station für die Hinzert-Häftlinge eingerichtet war.

33 Die Blockführer waren alltäglich im Lager zugegen, hielten die Appelle ab und teilten die Häftlinge ihrer Baracke (Block) zu den Arbeitskommandos oder einzelnen Aufgaben ein. Sie waren für die ihnen zugeteilten Häftlingsblocks verantwortlich und sollten dort für Sauberkeit und Ordnung sorgen. In der Lagerpraxis verfügten sie über weit reichende Handlungskompetenzen.

34 Der „Stubenälteste" war für die Ordnung in der Stube einer Baracke zuständig. Eine Baracke in Hinzert bestand aus jeweils zwei Stuben.

35 Gemeint ist hier der Läuseappell.

36 Mit hoher Wahrscheinlichkeit handelte es sich hier um eine Gruppe von ca. 70-80 so genannter „U-Franzosen", die wegen erwiesener Unschuld auf ihre Entlassung an Wohnorte im besetzten Frankreich warteten. Der Rücktransport nach Frankreich erfolgte über die Zwischenstation Hinzert. Diese Häftlinge wurden ähnlich wie die nach Hinzert deportierten Fremdenlegionäre nicht komplett „geschoren".
Siehe auch: Schneider, ebenda, S.125 und Engel/Hohengarten, S. 138-140.

37 Es ist anzunehmen, dass der französische NN-Deportierte Abbé Jean Daligault auf diese Art an Papier kam, um heimlich seine Zeichnungen anzufertigen, was übrigens strengstens verboten war! Seine Bilder und Skulpturen liefern einen emotionalen Zugang zum Leiden der Häftlinge im KZ. Die Werke wurden von eingeweihten Personen versteckt und/oder aus dem Lager geschmuggelt. Sie können heute im Museum der Résistance in Besançon oder in der Gedenkstätte (Mémorial) von Caen in der Normandie bewundert werden.

38 Mit Pop ist „Pop Trueblood" gemeint. Der Großvater von Maurice und sein einziger noch lebender Verwandter.

39 Im Hermeskeiler Krankenhaus gab es eine eigens für die Häftlinge des SS-Sonderlagers/KZ Hinzert eingerichtete Krankenstation. Abbé de La Martinère hat auch

in diesem Zusammenhang eine Liste der dort behandelten Häftlinge (Name, Vorname, Behandlung von bis, Staatsangehörigkeit, sowie Diagnose zusammengestellt. Ebenso wie im Krankenrevier unter Brendel arbeiteten auch hier dienstverpflichtete Ärzte, u.a. aus Luxemburg.

40 Im Gegensatz zu anderen Konzentrationslagern gab es in Hinzert keine „politische Abteilung", stattdessen ein so genanntes „Vernehmungskommando". Die Beamten der Gestapo kamen meist aus Trier oder vom EKL (Einsatzkommando Luxemburg), um die Häftlinge zu „befragen", was in der Realität nichts anderes als übelste Folter bedeutete. In Sachen Unmenschlichkeit und Misshandlungen standen sie den SS-Männern in nichts nach.
Siehe auch: Schneider, ebenda, S.231-232.

41 Metty Barbel: Student in Hinzert und Natzweiler, Luxemburg 1992, S. 69-70.

42 Deutschblütige Fremdenlegionäre, die Frankreich gemäß des Waffen-Stillstandsabkommens von 1940 an Deutschland ausliefern musste, waren in der Regel nur wenige Monate in Hinzert, wo sie im Falle einer Entlassung in die Wehrmacht oder die Waffen-SS übernommen wurden, oder wenn sie sich im Lager nicht „bewährten", schob man sie in Gefängnisse wie z. Bsp. Bruchsal und Kislau ab. Zwischen 1941 und 1942 wurden mindestens 800 Legionäre über verschiedene Auslieferungslager nach Hinzert deportiert, wo sie in getrennten Baracken untergebracht waren. Im Gegensatz zu den NN-Gefangenen wurden die Legionäre nicht geschoren, durften Briefe schreiben und empfangen und hatten Raucherlaubnis.

43 Hier hat Wipf ganz bewusst gelogen, denn er war nachweislich nie in der Fremdenlegion gewesen, obwohl er, wie Peter Hassall erwähnt, im Lager immer mit seinem Legionärsköppi unterwegs war. Vermutlich erzählte er diese Geschichte, um bei den Häftlingen Eindruck zu schinden (Anmerkung des Übersetzers). Nach seiner Zeit in Hinzert trat er der Waffen-SS (SS-Sondereinheit Dirlewanger) bei. Diese Einheit setzte sich überwiegend aus „Wilddieben", KZ-Häftlingen, Kriminellen und sogenannten „Asozialen" zusammen und war maßgeblich an Kriegsverbrechen beteiligt.

44 Hier lag ganz offensichtlich ein Irrtum vor. Hinzert war ein eigenständiges KZ-Stammlager mit bislang nachweisbaren 29 Nebenlagern, die sich bis zur Wesermündung und in rechtsrheinische Gebiete erstreckten. Hinzert wurde Natzweiler nie unterstellt. Erst am 21. November 1944 wurde es als Außenlager dem KZ Buchenwald unterstellt, wobei bis heute nicht genau geklärt werden konnte, welche Folgen diese Unterstellung für Hinzert tatsächlich hatte. Sporrenberg blieb als Lagerkommandant in Hinzert bis zum 17.01.1945, als seine letzten Schriftstücke unterschrieb, um anschließend ein Außenlager des KZ Buchenwald zu übernehmen.

45 Es handelte sich um eine de-facto-Annektion, staatsrechtlich wurde sie nicht vollzogen.

46 Tuberkulose ist eine bakterielle Infektion, die in der Regel durch Tröpfcheninfektion übertragen wird und vor allem die Lungen befällt. Menschen mit geschwächtem Immunsystem sind besonders betroffen und anfällig.

47 Pfarrer Anton Barz war der Gefängnisseelsorger in Wittlich und leistete für die dort Inhaftierten unschätzbare Hilfsdienste. Eine Straße in Wittlich ist heute nach diesem couragierten Priester benannt. Vgl. Dieter Burgard: „Alles im Laufschritt", Das KZ-Außenlager Wittlich, Editions Saint-Paul, Luxemburg 1994, S.106ff.

49 Auf Veranlassung der französischen Militärregierung wurden auch nach 1945 die noch verwertbaren Baracken des früheren Häftlings- und Wachmannschaftslagers verkauft. Das Terrain des ehemaligen Häftlingslagers wurde den Eigentümern zur landwirtschaftlichen Nutzung zurückgegeben.

50 1974.

51 SOE steht für Special Operations Executive, einer britischen nachrichtendienstlichen Spezialeinheit, die das Ziel hatte, Spionage und Sabotageakten hinter den feindlichen Linien auszuführen.

Glossar

Audrian, Dennis	Enger Freund von Peter Hassall. Versuchte gemeinsam mit Peter und Maurice zu fliehen und ertrank bei dem Fluchtversuch.
Anquetil, Gilbert	Französischer NN-Deportierter, Haftnummer 4234, geboren am 23. November 1926 in Rennes. Kam am 5. Juni 1942 nach Hinzert (Transport-Nr. 70). Weitere Kommandos und Lager: Wittlich, Breslau, Schweidnitz und Hirschberg. Am 8. Mai 1945 in Hirschberg befreit.
Barz, Anton	Gefängnispfarrer in Wittlich (geb. 25.01.1901 in Trier, gest. am 22. Juli 1988). Schmuggelte Lebensmittel und Briefe in einer eigens präparierten Bibel für die Häftlinge in und aus dem Gefängnis. Heute ist eine Straße in Wittlich nach ihm benannt worden.
Bithorn, Dr.	Direktor des Gefängnisses in Wittlich zur Zeit des Zweiten Weltkrieges. Als er nach dem Krieg verhaftet wurde, setzten sich viele ehemalige NN-Häftlinge für ihn ein, sodass die Anklagepunkte gegen ihn letztendlich fallengelassen wurden.
Blockführer	Zuständig für die Einhaltung der Sauberkeit und Ordnung in der ihnen zugeteilten Baracke (Block) sowie für die Einteilung der Häftlinge in verschiedene Arbeitskommandos.
Blois	Gefängnis in Frankreich.
Brendel, Josef	SS-Oberscharführer im Revier des SS-Sonderlagers/KZ Hinzert. Geboren am 16. Oktober 1909 in Plankstadt/Hessen, Maurermeister. Von Oktober 1939 bis Januar 1943 war er Leiter des Krankenreviers im SS-Sonderlager/KZ Hinzert. Im Januar 1943 wurde er unter dem Vorwurf der Bestechlichkeit von diesem Posten enthoben. Von diesem Zeitpunkt an befand er sich für neun Monate selbst als Häftling im Lager. Am 25. Oktober 1943 erfolgte seine Verurteilung durch das SS- und Polizeigericht XIV in Metz. Wegen militärischem Ungehorsams, Bestechung u. a. wurde er als „Volksschädling" zu 10 Jahren Zuchthaus und 10 Jahren

	Ehrverlust verurteilt, aus der SS ausgeschlossen und für wehrunwürdig erklärt. Er wurde in das Straflager der SS nach Dachau gebracht. Am 14. April 1950 wurde er durch die Große Strafkammer des Landgerichts Mannheim zu 2 Jahren und 6 Monaten Haft verurteilt, in einem weiteren Verfahren vor dem Landgericht Trier am 20. Dezember 1961 vom Vorwurf der Beihilfe am Mord von 70 sowjetischen Kriegsgefangenen im Oktober 1941 freigesprochen. Er starb am 21. Januar 1966.
Callaux, André	Französischer NN-Deportierter, geboren am 10. Februar 1892 in Ourton, kam am 13. Juni 1942 in das SS-Sonderlager Hinzert. Anschließend war er in den Gefängnissen Wittlich, Breslau, sowie im KZ Sachsenhausen. Dort wurde er am 22. April befreit. Wurde in Hinzert als Kapo eingesetzt.
Cherche-Midi	Militärgefängnis der Wehrmacht in Paris
Churchill, Winston	Britischer Politiker. Geboren am 30. November 1874, verstorben am 24. Januar 1965. Premierminister von Großbritannien in der Zeit des Zweiten Weltkriegs, vom 1. Mai 1940 bis 27. Juli 1945.
Clerkx, Hendrik	Niederländischer NN-Deportierter, Häftlingsnummer 4253, geboren am 11. Juni 1923, kam am 5. Juni 1942 in das SS-Sonderlager/KZ Hinzert. Anschließend war er in den Gefängnissen von Wittlich, Köln, Breslau, Schweidnitz und Hirschberg. Dort wurde er am 8. Mai 1945 befreit.
Delachoue, Roger	Selbst NN-Deportierter, ehemaliger Präsident der Organisation der NN-Deportierten (Souvenir de la Déportation NN).
Schlacht von Dünkirchen	Stadt in Nordfrankreich. Nach der Niederlage Frankreichs wurden ca. 330.000 meist britische Soldaten aus der von den Deutschen eingekesselten Stadt nach Großbritannien evakuiert (26.05.-5.06.1940).
Fresnes	Gestapo-Gefängnis, 15 km südlich von Paris.

Faisant, Guy	Französischer NN-Deportierter, geboren am 23. Oktober 1925 in Rennes. Kam am 5. Juni 1942 in das SS-Sonderlager/KZ Hinzert. Anschließend war er in den Gefängnissen Wittlich, Breslau, Schweidnitz und Hirschberg. Dort wurde er am 8. Mai 1945 befreit.
Fremdenlegionäre	Nach der militärischen Niederlage und aufgrund des Waffenstillstandabkommens zwischen Frankreich und Deutschland am 22. Juni 1940 verpflichtete sich die französische Regierung unter Marschall Pétain, Deutsche, aber auch Ausländer und Staatenlose, die in der französischen Fremdenlegion gedient hatten, an das Deutsche Reich auszuliefern (Art. 19). Von Juni 1941, als die ersten „Fremdenlegionäre" nach Hinzert eingewiesen wurden, bis Ende des Jahres 1942, als die Letzten das Lager verließen, waren zwischen 800 und 1.000 Männer dieser Häftlingskategorie in Hinzert. Sie lebten gegenüber den anderen Häftlingen in einem privilegierten Status, als eine geschlossene Gruppe und waren äußerlich an den nicht geschorenen Haaren zu erkennen. Sie hatten u. a. Vergünstigungen beim Arbeitseinsatz.
Goltais, Michel	Französischer NN-Deportierter, geboren am 14. März 1927 in Loudéac, kam am 5. Juni 1942 nach Hinzert. Anschließend war er in den Gefängnissen Wittlich, Breslau und Schweidnitz. Aus dem Gefängnis in Hirschberg wurde er am 8. Mai 1945 befreit. Er unterstützte jahrelang die Gedenkarbeit in Rheinland-Pfalz, u.a. durch ein umfangreiches Zeitzeugeninterview, von dem Ausschnitte in der Gedenkstätte in Hinzert zu sehen sind.
Gould, Maurice	Britischer NN-Deportierter, geboren am 31. Mai 1924 in Leicester (GB), kam mit dem Transport vom 17. Juni 1942 in das SS-Sonderlager. Anschließend wurde er in das Gefängnis Wittlich gebracht. Dort verstarb er am 1. Oktober 1943 an Tuberkulose.

Hackethal, Theophil Dr.	Chefarzt im Hermeskeiler Krankenhaus während des Zweiten Weltkrieges. Zuständiger Lagerarzt in Hinzert von 1941 bis 1945. Geboren am 13. Dezember 1883 verstorben am 24. Juni 1959. Im Rastatter Prozess wurde er am 28. Oktober 1947 zunächst für sieben Jahre Zuchthaus verurteilt. Im Revisionsprozess 1949 kam es durch den Urteilsspruch vom 25. Mai sogar zu einer Strafverschärfung (15 Jahre Haft). Seine Strafe verbüßte er nur zum Teil im Zuchthaus Wittlich, bereits 1952 wurde er begnadigt und freigelassen.
Häftlingsärzte	Im Krankenrevier waren französische NN-Deportierte, die von Beruf Ärzte waren, während der Haftzeit von Peter Hassall, eingesetzt. Soweit es das Wachpersonal zuließ, pflegten sie kranke Mithäftlinge. Auch SS-Angehörige und der Lagerkommandant nahmen ihre Dienste in Anspruch. Dr. Marcel Bricka, französischer NN-Deportierter, Häftlingsnummer 4153. Geboren am 21. September 1908 in Rambervillers kam am 29. Mai 1942 in das SS-Sonderlager/KZ Hinzert. Anschließend kam er in die Gefängnisse von Wittlich und Trier sowie Reinbach. Zum Schluss kam er nach Köln-Klingelpütz, wo er am 30. Juli 1943 hingerichtet wurde. Ab Oktober 1942 waren dort die französischen Ärzte Dr. Augustin Chabaud, Dr. André Chauvenet sowie Dr. Georges Jagello tätig.
Heinrich, Albert	Mitglied der SS-Wachmannschaft im SS-Sonderlager/KZ Hinzert. Geboren am 25. Januar 1896, SS-Nr. 259288, SS-Untersturmführer, Spitzname: „Genosse Napoleon".
Kapos	Häftlinge, die die SS zu Verantwortlichen von Arbeitskommandos oder bestimmten Lagerdiensten ernannte. Die Kapos mussten nicht arbeiten, hatten reine Aufsichtfunktion. Die großen Privilegien korrumpierten viele der zu Kapos Ernannten; in der Regel suchte

	die SS von vornherein solche Häftlinge aus, die sich ihre Privilegien durch besondere Brutalität zu verdienen bereit waren. Kapos rekrutierten sich unter anderem aus den Reihen ehemaliger SA-Leute, Fremdenlegionäre oder „Krimineller".
Klein, Georg	Geboren am 22. Januar 1909 in Saarwellingen. Seit dem 23.10.1939 als SS-Angehöriger im SS-Sonderlager/KZ Hinzert
Kleinhenn, Willi Johann	Geboren am 23. Oktober 1907 in Frankenberg /Eder. Der Bäcker Willi Johann Kleinhenn aus Frankenberg in Nordhessen trat am 1. Januar 1932 der NSDAP und der SS bei. Im Juni 1941 kam er in das SS-Sonderlager/KZ Hinzert. Dort arbeitete Kleinhenn als Oberscharführer der Waffen- SS in der Schreibstube des Lagers, wo er zum Rapportführer und stellvertretenden Führer des Schutzhaftlagers aufrückte. Im Januar 1945 wurde er in das Konzentrationslager Buchenwald versetzt. Dort nahm er an der Erschießung von Häftlingen teil. Deswegen und wegen der Zugehörigkeit zu einer verbrecherischen Organisation verurteilte ihn das Landgericht Warschau am 28. Juli 1948 zu zwölf Jahren Gefängnis. Ende 1961 wurde der SS-Dienstgrad in Deutschland erneut vor Gericht gestellt und am 23. November vom Landgericht Trier wegen „Beihilfe zu versuchtem Mord" zu zwei Jahren Zuchthaus verurteilt. Kleinhenn starb am 4. Dezember 1986.
Klerkx, Henk	Siehe Clerkx, Hendrik.
Lafaye, Pascal	Französischer NN-Deportierter, Haftnummer 4247, geboren am 21. Juni 1927 in Rennes. Er kam am 5. Juni 1942 in Hinzert an. Seine weiteren Leidenstationen waren die Gefängnisse von Wittlich und Breslau sowie die Konzentrationslager Groß-Rosen und Mittelbau-Dora. Dort ist er am 8. April 1945 verstorben.
La Santé	Gestapo-Gefängnis in Frankreich.

Le Moigne	Französischer NN-Deportierter, Haftnummer 4249, geboren am 6. März 1926 in St. Martin-des-Champs. Er kam am 5. Juni1942 in das SS-Sonderlager/KZ Hinzert, anschließend war er noch in den Gefängnissen von Wittlich, Breslau, Schweidnitz und Hirschberg. Dort wurde er am 8. Mai 1945 befreit.
Leo	Belgischer Häftling.
Marionneau, Pierre	Französischer NN-Deportierter, Haftnummer 4357, geboren am 6. November 1925 in Mer [Loir-et-Cher]. Er kam am 13. Juni 1942 nach Hinzert (Transport-Nr. 71). Weitere Kommandos und Lager: Wittlich, Breslau, Groß-Rosen, Mittelbau-Dora und Bergen-Belsen. Am 18. April 1945 in Bergen-Belsen befreit.
Martin, Karl Hermann	(Schutzhaft-)Lagerführer im SS-Sonderlager/KZ Hinzert, geboren am 15. August 1899 in Kaiserslautern, Ingenieur. Er trat 1929 der NSDAP und 1931 der SS bei. Er kam am 12. März 1940 in das SS-Sonderlager/KZ Hinzert und hatte dort als Obersturmführer die Position des (Schutzhaft-)Lagerführers inne. Er wurde am 20. Februar 1943 nach Buchenwald versetzt.
Martinière, Abbé Joseph de La	Französischer NN-Deportierter, geboren am 4. Dezember 1904 in Angouleme. Er kam am 11. Juli 1942 in das SS-Sonderlager Hinzert und blieb bis zum 23. September 1942. Anschließend war er in den Gefängnissen Wittlich, Breslau, Schweidnitz, Liegnitz inhaftiert. Zuletzt wurde er in das KZ Dachau eingeliefert, aus dem er bei Kriegsende befreit wurde. Unermüdlich sammelte er nach Kriegsende Unterlagen zu den „Nacht- und Nebel- Deportierten", die vor allem auch im SS-Sonderlager/KZ Hinzert gewesen waren. Seine erste schriftliche Ausarbeitung datiert vom Januar 1946, nach dem ersten Besuch seiner ehemaligen Leidensstätte. 1948 war er einer der Hauptzeugen im Rastatter Prozess gegen einen Teil der Wachmannschaft des SS-Sonderlagers/KZ Hinzert. Ab 1984 veröffentlichte er mehrere Studien über die „Nacht- und

	Nebel-Häftlinge" im Deutschen Reich. Auf Deutsch erschien 2005 sein Erinnerungsband „Meine Erinnerungen als NN-Deportierter". Am 2. November 2003 ist Joseph de La Martinière im Alter von 85 Jahren verstorben.
Mertens, Gaston	Luxemburger Häftling, geboren am 24. April 1922 in Esch/Alzette. Er wurde am 10.10.1941 in Frankreich verhaftet und kam 1942 über das Gefängnis in Besançon in das SS-Sonderlager/KZ Hinzert. Anschließend war er in den Gefängnissen Wittlich, Köln, Wolfenbüttel und Brandenburg. Er kam am 27. April 1945 nach Luxemburg zurück.
NN-Deportierte	Aufgrund des sog. „Nacht- und Nebel-Erlasses" vom 7. Dezember 1941 wurden Personen in den besetzten Gebieten, die des Widerstands gegen das Deutsche Reich verdächtigt waren, bei „Nacht und Nebel" nach Deutschland deportiert. Spezielle Sondergerichte sollten diese, z. Bsp. in Hinzert inhaftierten NN-Häftlinge in Prozessen aburteilen, wenn ein solcher Prozess nicht zustande kam, wurden die NN-Häftlinge ohne Aburteilung in Konzentrationslager oder Gefängnisse gebracht. Die Ungewissheit über das Schicksal der spurlos Verschleppten sollte die Bevölkerung der besetzten Gebiete in Angst und Schrecken halten. Ca. 7000 Häftlinge, der größte Teil aus Frankreich, waren davon betroffen.
Napoleon	Gemeint ist der SS-Mann Albert Heinrich.
Natzweiler	Konzentrationslager im von deutschen besetzten und de-facto-annektierten Elsass. Das KZ besaß zahlreiche Außenlager, z. Bsp. in Cochem. Das SS-Sonderlager/KZ Hinzert gehörte jedoch nicht dazu.
Pammer, Anton	Mitglied der Wachmannschaft im SS-Sonderlager/KZ Hinzert. Geboren am 31. März 1909 in Bad Ems, Gärtner. Er kam am 15. Juli 1940 zur Wachmannschaft des SS-Sonderlagers/KZ Hinzert, war vorher in Buchenwald stationiert. Er wird

	in zahlreichen Zeitzeugenberichten als einer der Hauptbeteiligten an Misshandlungen der Gefangenen erwähnt. Im September 1948 wurde er vom Obersten Gericht der Französischen Militärregierung in Rastatt wegen Verbrechen gegen die Menschlichkeit zum Tode verurteilt, 1954 wurde die Todesstrafe in 20 Jahre Zwangsarbeit umgewandelt und bereits wenige Tage später erfolgte seine Entlassung. Er kehrte zurück nach Bad Ems, wo er am 20. Juni 1960 starb.
Pister, Hermann	Geboren am 21. Februar 1885 in Lübeck. Pister war von Oktober 1939 bis zum 21. Dezember 1941 Kommandant des neu gegründeten „SS-Sonderlagers Hinzert", anschließend, bis zum Kriegsende, Kommandant des KZ Buchenwald. Am 11. August 1947 wurde er von einem amerikanischen Militärgericht in Dachau wegen seiner im KZ Buchenwald begangenen Verbrechen zum Tode verurteilt. Er verstarb noch vor Vollstreckung des Urteils am 28. September 1948 in Haft in Landsberg am Lech.
Pop	Pop Trueblood, Großvater von Maurice Gould.
OXO-Dose	Unter dieser Handelsmarke gibt es in England Brühwürfel mit verschiedenen Geschmacksrichtungen.
Rapportbüro	Sitz der Verwaltung im Haftlagerteil eines Konzentrationslagers. Hier wurden ankommende und zu entlassende Häftlinge registriert, den einzelnen Baracken und Arbeitskommandos zugeteilt und die Meldungen der täglichen Zählappelle festgehalten.
Revier	Krankenbaracke.
Rijckevorsel, Geert van / Van Ryckevorsel, Gerard	Niederländischer NN-Deportierter, Haftnummer 4252, geboren am 19. April 1923 in St. Oedenfote, Student. Er kam am 5. Juni 1942 (Transport-Nr. 70) nach Hinzert. Dort blieb er bis zu seiner Verlegung Ende Juli 1942 in das Gefängnis Wittlich. Bis zu seiner Befreiung im Frühjahr 1945 war van Rijkevorsel noch

Rijckevorsel Geert van / Van Ryckevorsel, Gerard	in 17 weiteren Gefängnissen bzw. Zuchthäusern inhaftiert. Geert van Rijckevorsel unterstützte die Arbeit der Landeszentrale für politische Bildung und stand als Zeitzeuge zahlreichen internationalen Jugendtreffen zur Verfügung. Dafür wurde er am 6. Dezember 2007 vom Land Rheinland-Pfalz mit der Verdienstmedaille ausgezeichnet. Er starb am 29. Februar 2008.
Schaaf, Georg	Als „Iwan der Schreckliche" bekanntes Mitglied des Wachpersonals des SS-Sonderlagers/ KZ Hinzert. Geboren am 27. August 1902 in Sandhausen, Maurer. Er kam am 23. Oktober 1939 ins SS-Sonderlager/KZ Hinzert. Zahlreiche Zeitzeugenberichte belegen, dass er an unzähligen Gefangenenmisshandlungen beteiligt war. Nach dem Krieg wurde er wegen einfacher Körperverletzung in sechs Fällen und schwerer Körperverletzung in 24 Fällen vom Landgericht Mannheim am 14. April 1950 zu 10 Jahren Gefängnis verurteilt. Am 18. April 1950 beging er Selbstmord.
Schattner, Johannes	Geboren am 24. Januar 1887 in Hettenleidelheim. Vom 7. Dezember 1939 beim SS-Wachpersonal des SS-Sonderlagers/KZ Hinzert.
Saint Paul, Hans de Dr.	Gefängnisarzt in Wittlich.
(La) Santé	Militärgefängnis in Paris.
SOE	Special Operations Executive. Britische nachrichtendienstliche Spezialeinheit, die das Ziel hatte, während des Krieges Spionage und Sabotageakte hinter den feindlichen Linien durchzuführen.
Sporrenberg, Paul	Lagerkommandant des SS-Sonderlagers/KZ Hinzert von April 1942 bis Januar 1945. Geboren am 27. März 1896 in Venlo (NL), Kaufmann. Er trat bereits 1922 der NSDAP und der SA bei. Mit Ausbruch des Zweiten Weltkrieges wurde er eingezogen, arbeitete bei einer KfZ-Abteilung in Düsseldorf. Im März wurde er zum SS-Sonderlager/KZ

	Hinzert einberufen, dessen Leitung er 1942 übernahm. Im November 1943 wurde er zum Hauptsturmführer befördert. Nach dem Krieg gelang es ihm zunächst unterzutauchen. Er wurde aber erst 1959 in Mönchengladbach verhaftet. Die Staatsanwaltschaft Trier erhob Anklage wegen mehrfachen Mordes. Paul Sporrenberg starb jedoch vor der Eröffnung des Verfahrens 1961.
SS	Schutzstaffel (SS), gegründet 1925 zum persönlichen Schutz Adolf Hitlers und von Versammlungen der NSDAP. Für die Aufnahme in die SS galten zumeist strenge rassenbiologische und weltanschauliche Auswahlkriterien. Ab 1931 fiel der SS zusätzlich die Rolle einer „Parteipolizei" zu, zur Überwachung gegnerischer Organisationen und innerparteilicher Opposition. Nach der Machtübernahme 1933 kam es zu Konflikten mit der Sturmabteilung (SA), in deren Verlauf die gesamte SA-Führung ausgeschaltet wurde. Im Anschluss daran wertete Hitler die SS zur selbstständigen, ihm direkt unterstellten Gliederung der NSDAP auf. Gleichzeitig übernahm die SS u.a. die Zuständigkeit für sämtliche Konzentrationslager im Deutschen Reich, die bis dahin noch vielfach unter Kontrolle der SA gestanden hatten. Die Bewachung der Lager oblag nun den sog. SS-Totenkopfverbänden.
St. Denis	Vorort von Paris.
Stubenältester	In der Hierachie der Funktionshäftlinge stand er auf der untersten Stufe. Der Blockälteste suchte sich zur Unterstützung bis zu drei „Stubenälteste" aus, die vom Lagerkapo bestätigt werden mussten. Sie teilten u.a. die Essensportionen zu.
Tarriere, Jacques	Französischer NN-Deportierter, geboren am 9. Juli 1926 in Avranches. Er kam am 5. Juni 1942 in das SS-Sonderlager/KZ Hinzert. Anschließend war er in den Gefängnissen von Wittlich und Breslau sowie in den Konzen-

	trationslagern Groß-Rosen, Mittelbau-Dora, (Außenlager Ellrich) und Nordhausen inhaftiert. Dort kam er am 1. März 1945 ums Leben.
Vautrot, Lucien	Französischer NN-Deportierter, Haftnummer 4763, geboren am 10. April 1942. Er kam im Juli 1942 in das SS-Sonderlager/KZ Hinzert. Anschließend war er in den Gefängnissen von Breslau und Brieg sowie in den Konzentrationslagern Groß-Rosen, Sachsenhausen und Flossenbürg inhaftiert.
Vichy-Regierung	Französische Regierung in der unbesetzten Zone von 1940 bis 1944. Staatschef war Marschall Philippe Pétain, die Regierungschefs Pierre Laval (1940-1941/1942-1944) und Francois Darlan (1941-1942).
Wipf, Eugen	Lagerkapo im KZ Hinzert, Schweizer Staatsbürger. Geboren am 12. Dezember 1916 in Irschel bei Zürich. Der Abbruch seiner Lehre als Schmied erfolgte wegen Trunksucht. Auch während seiner Militärzeit fiel er mehrmals wegen seiner Alkoholsucht auf, wurde am 16. Juni 1940 entlassen und zwei Tage später verhaftet. Ihm gelang am 4. August 1940 die Flucht aus der Schweiz in das Deutsche Reich. In Abwesenheit wurde er in der Schweiz zu drei Monaten Gefängnis, Degradierung und drei Jahre Ehrverlust verurteilt. In Stuttgart fand er Arbeit als Hilfsmonteur und später als Schmied. Wegen Trunksucht und Arbeitsverweigerung wurde er auffällig und am 31. Januar 1941 wegen Betruges verurteilt. Nach Verbüßung seiner Haft kehrte er zunächst an seinen Arbeitsplatz zurück, wurde aber bereits nach drei Wochen erneut verhaftet und im Juni 1941 in das in Welzheim gelegene Polizei- und Schutzhaftlager eingewiesen. Als „unerwünschter Ausländer" und „Asozialer" wurde er im November 1941 in das Lager Hinzert eingewiesen. Zunächst kam er in das Außenlager Wittlich, bis dies aufgelöst wurde.

Nach seiner Rückkehr in das Lager Hinzert im Januar 1942 wurde er zuerst als Stubenältester eingesetzt. Vom Sommer 1942 bis zum 6. Juni 1944 war er Lagerkapo. Er fungierte auch als Dolmetscher (Französisch und Italienisch). Er hatte sich außerdem freiwillig zur Waffen-SS gemeldet. Nach Kriegsende kehrte er in die Schweiz zurück und wurde dort wegen seiner als Kapo begangenen Verbrechen vor das Schwurgericht des Kantons Zürich gestellt. Am 6. Juli 1948 wurde er wegen wiederholten Mordes, Beihilfe zur Tötung, schwerer Körperverletzung zu lebenslangem Zuchthaus verurteilt. Am 31. August 1948 starb Wipf in der Haft.

Literaturhinweise

Uwe Bader / Beate Welter: Hinzert –Reihe: Der Ort des Terrors, Geschichte der nationalsozialistischen Konzentrationslager (Hrsg. Von Wolfgang Benz und Barbara Distel), C. H. Beck, München 2008

Uwe Bader: Hitlers „Nacht- und Nebel"-Erlass vom 7.12.1941 und seine Bedeutung für die Forschung zur Geschichte des ehemaligen SS-Sonderlagers/ KZ Hinzert. In: Sachor – Beiträge zur jüdischen Geschichte und zur Gedenkstättenarbeit in Rheinland.-Pfalz 1996, S. 38-41.

Verfolgung und Widerstand in Rheinland-Pfalz 1933 – 1945, Band 2: Gedenkstätte SS-Sonderlager/KZ Hinzert, Landeszentrale für politische Bildung Rheinland-Pfalz (Hg.) 2009

Verfolgung und Widerstand in Rheinland-Pfalz 1933-1945, Band 1: Gedenkstätte KZ Osthofen – Ausstellungskatalog, Landeszentrale für politische Bildung (Hg.), Mainz 2008 (Katalog zur Ausstellungsabteilung zum SS-Sonderlager/KZ Hinzert)

Barbara Weiter-Matysiak: Das SS-Sonderlager/KZ Hinzert im Hunsrück, in: Hans-Georg Meyer / Hans Berkessel (Hrsg.): Die Zeit des Nationalsozialismus in Rheinland-Pfalz. Band 2, Mainz 2000, S. 116 ff.:

Barbel Metty: Student in Hinzert und Natzweiler. Luxemburg 1992

Gruchmann Lothar: „Nacht-und Nebel-Justiz". Die Mitwirkung deutscher Strafgerichte an der Bekämpfung des Widerstandes in den besetzten westeuropäischen Ländern, Vierteljahreshefte für Zeitgeschichte 29 (1981) 3, S. 342-396. Als PDF-Download auch hier erhältlich: www.ifz-muenchen.de/heftarchiv/1981_3_2_gruchmann.pdf

Volker Schneider: Waffen-SS – SS Sonderlager „Hinzert". Das Konzentrationslager im „Gau Moselland" 1939-1945, Nonnweiler-Otzenhausen 1998

Joseph de La Martinière: Meine Erinnerungen als NN-Deportierter. Hrsg. von der Landeszentrale für politische Bildung Rheinland-Pfalz, Mainz 2005.

Marcel Engel, André Hohengarten: Hinzert. Das SS-Sonderlager im Hunsrück 1939-1945, Luxemburg, 1983.

Christel Trouvé: Die Nacht und Nebel Deportationen aus Westeuropa 1942 – 1945, in „Konzentrationslager, Sonderlager, Polizeihaftlager", Landeszentrale für politische Bildung (Hg.), Alzey 2007

Über die Besetzung der Channel-Islands:

Roy McLoughlin: Britische Inseln unterm Hakenkreuz – Die Besetzung der Channel-Islands. Berlin 2003

Paul Sanders: The Ultimate Sacrifice (1998), PDF-Download unter: http://www.thisisjersey.co.uk/hmd/index.html
(Ultimate Sacrifice, Stand Juli 2012)